Knaur
MensSana

Über den Autor:

Richard McLean fand von der christlichen Lehre zum Zen-Buddhismua. Nach einer Karriere als Werbeberater lebt er heute als Schriftsteller mit seiner Familie in Nordkalifornien.

Richard McLean

Zen-Geschichten für den Alltag

Herausforderungen mit Gelassenheit begegnen

Aus dem Amerikanischen von
Bernhard Kleinschmidt

Mit Kalligraphien von
Klaus Holitzka

Knaur
MensSana

Die amerikanische Originalausgabe erschien 1998 unter dem Titel
»Zen Fables for Today: Stories inspired by the Zen Masters«
bei Avon Books, New York

Vollständige Taschenbuchausgabe 2004
Knaur Taschenbuch. Ein Unternehmen der
Droemerschen Verlagsanstalt
Th. Knaur Nachf. GmbH Co.KG, München.

Umschlaggestaltung: ZERO Werbeagentur, München
Umschlagillustration: Klaus Holitzka
Satz: Ventura Publisher im Verlag
Druck und Bindung: Clausen & Bosse, Leck
Printed in Germany
ISBN 3-426-87217-x

2 4 5 3 1

Für meine liebe Marcia

Inhalt

Vorwort

Als ich zum erstenmal klassische Zen-Geschichten las, war ich überrascht von der Weisheit, die in diesen vordergründig einfachen Gleichnissen verborgen liegt. Obgleich viele der Lehren aus anderen Zeiten und Kulturen stammen, spricht ihre tiefe Wahrheit uns noch heute an.
In diesem Buch werden alte Texte nacherzählt und neue Geschichten aus dem reichen Schatz der Zen-Philosophie erschaffen. Sie erzählen von gestern und heute, immer aber von der Erfahrung des menschlichen Lebens, die unveränderlich ist.
Ich will nicht behaupten, über bemerkenswerte Einsichten zu verfügen, die sich nicht auch anderswo finden ließen; jedoch geht es mir hier nicht darum, der profunden Poesie des Zen-Buddhismus Ausdruck zu verleihen, sondern ich habe versucht, seine Melodie zu summen.
Entstanden sind Geschichten zur langsamen Lektüre und somit ein Buch, das der Leser je nach Bedürfnis in die Hand nehmen und auch wieder beiseite legen kann.
Einfache Erläuterungen der Zen-Prinzipien stehen am Anfang dieses Bandes. Ich betrachte dieses Buch als den Versuch, ein Tor zum Zen zu öffnen.
Die Darstellung ist um Einfachheit bemüht – trotz der Gefahr, so nur an der Oberfläche zu verbleiben. Doch selbst an dieser Oberfläche bietet der Zen-Buddhismus eine neue Sicht auf alte Probleme sowie Lösungen, die jene Menschen, die davon Kenntnis nehmen, seit über zwei Jahrtausenden bereichern.
Und so hoffe ich, daß das, was ich auf der Grundlage

meines begrenzten Verständnisses des Zen-Buddhismus geschrieben habe, den interessierten Leser dazu motivieren kann, in fachkundigerer Gesellschaft fortzuschreiten. Was mich motiviert hat, ist ein Gefühl von Ehrfurcht – wie das eines Wächters, der nur den Weg zum Tempel weist.

人

Die Grundprinzipien des Zen

Zen-Buddhismus

Es ist unmöglich, sich dem Zen aus einer rein logischen Perspektive anzunähern. Zen mißt dem Intellekt eine nur begrenzte Bedeutung bei und betont, daß man sich zum Verständnis des metaphysischen Universums auf Intuition und Erfahrung verlassen muß. Erst wenn alte Denkmuster aufgebrochen werden, erstehen erstaunliche Einsichten.

Im Zen wird davor gewarnt, in eine »Falle aus Worten« zu geraten, bei der intellektuelle Formulierungen die wahre Erkenntnis ersetzen. Deshalb hat der Neuling oft den Eindruck, daß Zen voller Paradoxe und Widersprüche steckt – die sich mit der Zeit allerdings auflösen.

Der bekannte Forscher Huston Smith hat die Bedingungen, nach denen der Zen-Buddhismus strebt, folgendermaßen zusammengefaßt:

- Ein Zustand, in dem das Leben und das seinen Kern bildende Bewußtsein als eindeutig gut erfahren werden.
- Mit der Erkenntnis, daß das Leben gut ist, entwickelt sich die Perspektive, daß andere ebenso wichtig sind wie wir selbst.
- Das Zen-Leben entfernt den Übenden nicht von der Welt, sondern läßt ihn mit einer neuen Perspektive (und Verantwortung) in sie zurückkehren.
- Mit dieser Perspektive des Unendlichen entsteht die Haltung, das Leben in seiner Totalität anzunehmen.

- Während die Vorstellung des Einsseins wächst, werden die Isoliertheit des eigenen Ich und anderer Menschen, das Endliche und das Unendliche, Leben und Tod transzendiert, bis der Übende schließlich eine einzigartige Freude am Heute entdeckt, ohne das Morgen zu fürchten.

Der Zen-Buddhismus ist also nicht auf das Jenseits gerichtet. Zen bedeutet Mitgefühl. Zen spricht die heutigen Probleme ebenso gekonnt an, wie dies Buddha bereits vor 2500 Jahren tat.

Der historische Buddha

Unter den Gründern der großen Systeme metaphysischen Denkens ragt Buddha als einzigartige Persönlichkeit hervor. Er weigerte sich, die Verehrung der Masse entgegenzunehmen. Ein berühmter Dialog mit ihm lautet:

»Bist du ein Gott?«
»Nein.«
»Bist du ein Engel?«
»Nein.«
»Bist du ein Prophet?«
»Nein.«
»Was bist du dann?«
»Ich bin der Erwachte.«

Der Buddha scheute die Äußerlichkeiten der Religion und untersagte rituelle und religiöse Strukturen. Sein Interesse galt dem Hier und Jetzt sowie pragmatischen Möglichkeiten, ein reicheres, erfüllteres Leben zu führen.

Zwei seiner Kernlehren sind:

1. Die Überzeugung, daß jeder Mensch seine eigenen Antworten finden muß und daß jegliches tradierte Wissen nur als Werkzeug dienen kann. Die essentiellen Antworten müssen dabei einer individuellen Erfahrung entstammen, die äußerlichen wie innerlichen Charakter hat. Buddha forderte seine Schüler zu großem Glauben, großem Zweifel und großer Anstrengung auf.

Sei dir selbst ein Licht.

2. Ein umfassendes Mitgefühl für das Leben und alle lebenden Wesen. So bestimmt und streng der Buddha als Lehrer auch sein mochte, seine grundlegende Eigenschaft war die Liebe.

Als ein Freund ihm eines Tages unwissentlich ein vergiftetes Mahl vorsetzte, war es eine seiner letzten Handlungen, diesem untröstlichen Schüler zu versichern, daß alles in Ordnung sei. Das Essen sei eine der zwei besten Mahlzeiten seines Lebens gewesen: der Mahlzeit, die seinen Körper stärkte, als er zur Erleuchtung gelangte, und der Mahlzeit, die diese letzte Inkarnation beendete.

Die Worte des Buddha klingen heute noch so frisch wie

damals, als sie vor zweieinhalbtausend Jahren zum erstenmal gesprochen wurden. Was uns beweist, daß sie als universelle Weisheit auch für das Heute und seine Probleme noch Gültigkeit haben.

Erleuchtung

Satori – Erleuchtung – ist eines der Ziele des Zen-Buddhismus. In einem Großteil der Zen-Literatur wird es als plötzliches, dramatisches Erwachen im Sinne eines Erkennens der Grundbedingungen des Universums und unseres Standorts darin dargestellt. Es entspricht der Suche des historischen Buddha, der beharrlich unter dem Bodhi-Baum saß, bis er seinen Erleuchtungszustand erlangte.

Oft – nach Meinung mancher zu oft – beschreibt die Zen-Literatur die Erleuchtung als Höhepunkt eines Dramas, in dem der Übende meditiert, studiert und mit *Koans* (Rätseln) ringt, bis irgendein zusammenhangloses Ereignis diese tiefgreifende religiöse Erfahrung auslöst, die den Menschen für immer verändert und ihm die erste Stufe des Zen-Wegs eröffnet.

Diese Art von Erleuchtung hat ihre Richtigkeit, doch gibt es auch ein allmähliches Erwachen, bestehend aus kleinen, blitzartigen Einsichten, deren Gesamtheit zu einem neuen Verständnis der Realität und des Universums führt. Ganz egal also, ob ein plötzliches oder ein allmähliches Erwachen stattfindet, das Ergebnis kann dasselbe sein.

Mitgefühl

Das Mitgefühl ist einer der schönsten und wertvollsten Aspekte des Buddhismus, der als scheinbar abstrakte Philosophie doch eine tiefe Achtung nicht nur vor dem Leben des Menschen, sondern vor allem Lebendigen hat. Der Buddhismus lehrt uns, daß alles – der Mensch, die Natur, die Tiere – eins ist als Teil eines integrierenden Ganzen. Aus dieser Auffassung ergibt sich für uns die Aufgabe, Mitgefühl zu zeigen, wie wir gleichermaßen im großartigen »So-Sein der Dinge« Mitgefühl empfangen. Hätte der Buddhismus eine Stimme, so würde er uns zurufen: »Paß auf deine kleine Schwester auf!«

Nicht-Dualität

Die komplexe Vorstellung der Nicht-Dualität verdeutlicht, daß unser westliches Denken viel zu stark auf dem Gegensatz von Schwarz und Weiß beruht. Nach buddhistischer Auffassung besteht kein Unterschied zwischen:

dem eigenen Ich und anderen,
Mensch und Natur,
Verstand und Intuition,
Gut und Böse,
Leben und Tod.

Der Buddhismus betrachtet jedes Phänomen als untrennbaren Teil eines großen Ganzen.
Auch wenn man die in diesem Konzept enthaltene Wahrheit nur zu ahnen vermag, eröffnen sich bereits bedeutsame neue Denkweisen:

- Wenn das Ich und andere Menschen eins sind, müssen wir die anderen so behandeln, wie wir selbst gern behandelt werden wollen. (Klingt das vertraut?)
- Sind Mensch und Natur eins, dürfen wir die Ressourcen der Erde – ob Lebewesen oder Bodenschätze – nicht vergeuden.
- Sind Verstand und Intuition eins, so müssen wir im Westen uns neuen Zugängen zum Denken und zur Wissenschaft öffnen.
- Sind Gut und Böse eins, so sollten wir vielleicht das Gute in manchem Übel sehen und das Böse in manchen frommen Handlungen.
- Sind Leben und Tod nur unterschiedliche Ebenen derselben Realität, verliert die Angst vor dem Tod an Gewalt.

Wenn wir unseren Geist für die Vorstellung der Nicht-Dualität öffnen, urteilen wir nicht mehr so rasch und werden offener für die Welt. Vor allem aber werden wir offener für uns selbst.

Achtsamkeit

Das dem Zen eigene Konzept der Achtsamkeit könnte als ein »Genießen der Zeit« umschrieben werden. Der Zen bietet eine zutiefst praktische Weltsicht, indem er uns sagt, wir sollten – und müßten – in der Gegenwart leben. Das aber kann nur erreicht werden, wenn wir uns jeden Augenblicks gewahr sind. Spülen wir zum Beispiel Geschirr, so lehrt Zen uns, beim Abspülen ganz dabeizusein und diese einfache Handlung mit Leben zu erfüllen, anstatt sie auszublenden.
Im Zen ist es nutzlos, sich Gedanken über die Vergangenheit oder Sorgen wegen der Zukunft zu machen. »Lebe jetzt«, schärft Zen uns ein und gibt uns dafür ein Werkzeug in die Hand: die Achtsamkeit in jedem Augenblick. In der Gegenwart zu leben bedeutet, unsere wertvolle Lebenszeit nicht zu vergeuden, das Bewußtsein nicht auf »Durchzug« zu stellen und das Heute nicht zu verträumen, indem wir uns an ein unvorhersehbares Morgen klammern.

Karma

Der Glaube an das Karma entstammt älteren Konzepten der Wiedergeburt, denen zufolge wir in jedes neue Leben das Gute und Böse aller früheren mitnehmen. Wir können durch gute Handlungen in diesem Leben also

vielleicht vermeiden, für Missetaten in künftigen Inkarnationen geradestehen zu müssen. Zudem heißt es, was wir anderen antun, würde uns in einem künftigen Leben selbst angetan werden.
Karma bedeutet auch das Akzeptieren der Tatsache, daß zwar vieles in uns aus einem früheren Leben stammt, wir aber dennoch die Möglichkeit haben, diese negativen Aspekte unseres Selbst zu überwinden und Weisheit und Liebe zu entwickeln.
Die Wahrnehmung eines Karma fordert uns auf zu handeln, alte Gewohnheiten zu überwinden und trotz der Vergangenheit die Verantwortung für uns selbst zu übernehmen.

Gewaltlosigkeit

Die Gewaltlosigkeit ist ein weiterer Schatz des buddhistischen Glaubens, der mit seiner Ehrfurcht vor dem Leben und seinem Gebot des Mitgefühls Kriege und andere Formen der Gewalt ablehnt. Erfreulicherweise sind »heilige Kriege« somit nicht Teil der buddhistischen Geschichte.
Das Gebot der Gewaltlosigkeit manifestiert sich auf der individuellen Ebene, da es lehrt, die wahre Gewaltlosigkeit beginne im Selbst und strahle von dort nach außen in die Welt. Der überall auf Erden zu findende Widerstand buddhistischer Gruppen gegen den Krieg leuchtet wie ein goldener Faden im zarten Gewebe dieser Weisheit.

Meditation

Die Meditation spielt eine wichtige Rolle im Zen-Buddhismus. Als Praxis basiert sie auf der strahlenden Vorstellung, der Mensch habe die Fähigkeit, aus einer ihm angeborenen Weisheit heraus einen eigenen Weg zur Wahrheit für sich zu finden. Dabei geht es darum, alle Schichten der Ignoranz, des Ego und angelernter Verhaltensweisen abzulegen, die es erschweren, zum eigentlichen Kern des Selbst vorzudringen. Die in jahrhundertelanger Praxis entwickelten Techniken finden sich in vielen Büchern, die dem Zen direkt oder indirekt verbunden sind; der Anfänger kann sie auch bei Übungsabenden von Zen-Gruppen kennenlernen. Der physische und geistige Nutzen der Meditation wird schon seit langem gepriesen, doch wie alle lohnenden Dinge kostet auch die Meditationspraxis einige Anstrengung.

Selbst wenn die Beschäftigung mit Zen zu nichts weiterem als der Fähigkeit zu meditieren führt, so ist das schon eine Bereicherung für das ganze Leben.

Neun Ratschläge zur Meditation

1. Brich dir nicht die Knochen bei dem Versuch, wie die Menschen im Osten zu sitzen – dein europäischer Körper ist anders. Sitz aufrecht und halte den Rücken so gerade, daß du aufmerksam bleibst und nicht einschläfst. Nimm, wenn nötig, einen Stuhl zu Hilfe, oder leg dich flach auf den Rücken.

2. Beginne damit, deine Atemzüge zu zählen. Bist du bei zehn angekommen, fang wieder bei eins an. Das klingt zunächst einfach, ist aber überaus schwierig. Trotzdem: Wiederhole das immer wieder, bis zu spürst, daß dein Zählen langsamer wird.

3. Stell dir vor, dein Bauchnabel sei deine Nase. Atme durch ihn ein, um deinen Unterbauch zu füllen, dann atme durch die Ohren wieder aus.

4. Setz dir einen Schornstein oben auf den Kopf. Laß nebensächliche Gedanken, Probleme, erotische Phantasien und ähnliches wie Rauch durch diesen Schornstein entweichen. Kehre dann zu deinem Atem zurück.

5. Bring den »schwatzhaften Affen des Geistes« zum Schweigen. Nicht zu denken dürfte die schwierigste geistige Übung sein, an der du dich jemals versucht hast. Sitz mit halb geschlossenen Augen, ohne etwas zu fixieren.

6. Mach dir bewußt, daß Meditation nach westlicher Vorstellung bedeutet, intensiv über ein Problem nachzudenken. Meditation im Sinne des Zen bedeutet das Gegenteil.

7. Was du während der Meditation in dir entdeckst, wird dich oft zutiefst erschrecken. Schreite entschlossen fort. Vertrau darauf, daß du das andere Ende des rauchigen Tunnels erreichen wirst.

8. Meditiere regelmäßig, aber nicht verbissen. Beginne mit nicht mehr als fünf Minuten. Bleib in deinen Erwartungen bescheiden. Hast du aufgegeben, fang wieder von vorne an.

9. Sind deine fünfundzwanzig bis fünfzig Minuten der Meditation vorbei, dann nimm dir Zeit, in dich hineinzublicken. Laß an dir vorüberziehen, was du abgelegt und was du gefunden hast. Das Abgelegte sagt dir viel über das, was an dir nagt; neue Entdeckungen sind Nahrung für die dir innewohnende Weisheit.

Humor

Der Humor gilt als eine der liebenswertesten Eigenschaften des Zen. Er durchsticht die Aufgeblasenheit des Dünkels, und sein Lachen erhellt subtile Wahrheiten, die bei Predigten verlorengehen. Wie auch Zen kommt der

Humor aus der Tiefe unseres Selbst. Und so wie uns niemand zwingen kann zu lachen, so kann uns auch niemand dazu zwingen, die Wahrheit über uns selbst oder die Welt zu erkennen.
Man sollte sich von den oft recht simpel anmutenden Zen-Parabeln nicht täuschen lassen. Sie nähern sich uns in Form eines Scherzes, und doch enthalten sie eine Absicht – etwa wie in der Kindheit, als die Mutter uns die Medizin in den Orangensaft geschmuggelt hat.

Das Gewöhnliche

Im Gegensatz zu Kathedralen und missionarischer Rhetorik bezieht der Zen seine Kraft aus dem Glanz des Gewöhnlichen. Wie die Zen-Künste der *Haiku*-Dichtung und der Tuschmalerei, so betont die Zen-Erfahrung den einfachen, sparsamen Ausdruck. Im Zen wird zudem darauf hingewiesen, daß der erleuchtete Mensch »seine Erleuchtung nicht wie ein Stück Hundekot an seiner Nasenspitze zur Schau trägt«. Statt dessen wird diese wunderbare Erfahrung in den Alltag integriert, wodurch das einfache Ritual des gewöhnlichen Lebens Bedeutung und Freude erhält.
Eines der Wunder des Buddhismus ist, daß der Interessierte keine religiösen Verpflichtungen eingehen muß. Man kann den Buddhismus als sinnreiches ethisches System nutzen, als praktisches Mittel zur Selbsthilfe oder zum Erforschen neuer Methoden, mit unserer kom-

plexen Gesellschaft zurechtzukommen. Buddhismus kann aber auch zu einem erfüllenden spirituellen Weg werden. Sein vielschichtiges Gebäude erweist sich auf allen Stufen als Bereicherung.

I

Wie Windenblüten
erscheint mir heut
mein Leben.

II

Ein Schmetterling
sitzt schlafend
auf der Tempelglocke.

III

Der Dieb
hat ihn zurückgelassen –
den Mond im Fenster.

Zen-Geschichten

»Wie Honig im Mund eines Stummen« soll Zen den Zen-Meistern zufolge empfunden werden, da er in Worten oder Bildern nie wirklich ausgedrückt werden kann.
»Wie Honig im Mund des Stummen« sollte Zen auch eine persönliche Freude bleiben. Der Aphorismus warnt neu zum Zen gekommene Übende davor, dem Impuls nachzugeben, »der Welt Zen beizubringen«.
Anders als der Stumme, der eine wundersame Süße genießt, die er nicht beschreiben kann, muß der Autor dieses Buches sprechen, wenn auch auf unvollkommene Weise. Daher diese kleine Sammlung.

Ein Mönch namens Ichi

arbeitete sein ganzes Leben in der Küche eines großen Klosters am Hakone-See. Zu Beginn seines mönchischen Lebens hatte er das *Koan* erhalten: »Was ist der Laut einer einzigen klatschenden Hand?«, ohne es je lösen zu können. Inzwischen waren fünfundfünfzig Jahre vergangen, und er näherte sich dem Ende seines Lebens.

Als er dann im Sterben lag, erkannte er plötzlich, daß seine Seele von einem großen Frieden erfüllt wurde. Verschwunden war das Streben nach Erleuchtung, verschwunden war der Schmerz in seinem Unterbauch, verschwunden war auch das quälende *Koan*. In der köstlichen dunklen Stille seiner einsamen Stube hatte er am Ende seines Lebens die Ruhe gefunden, die darin bestand, nach nichts mehr zu streben.

Erst als keine Fragen mehr blieben,
als keine Antworten mehr gegeben werden mußten
und als es nicht einmal mehr nötig war zu atmen,
konnte Ichi also endlich das donnernde Schweigen
der einen klatschenden Hand hören.

Jato, der Mentor der Söhne des Kaisers,

bemerkte, daß der älteste Prinz zu Wutausbrüchen neigte, die ihm im späteren Leben gefährlich werden konnten, denn er war der Erbe des Thrones und der Armeen seines alternden Vaters. Eines Tages zog Jato den Jungen inmitten eines Wutanfalls zu einem blühenden Busch und drückte seine Hand so lange in einen Schwarm Pollen sammelnder Bienen, bis eine von ihnen den Prinzen stach.

Der Prinz war so überrascht, daß jemand ihn derart roh behandelte, daß er in seinem Toben innehielt. Er umklammerte seine schmerzende Hand und brüllte Jato an:

»Das sag ich meinem Vater!«

»Wenn du es deinem Vater sagst, erzähl ihm auch, daß ...«

»Was?«

»Schau dir die Biene an.«

Gemeinsam betrachteten sie die Biene, die sich auf einem Blatt krümmte, da ihr die Eingeweide mit dem Stachel herausgerissen worden waren. Sie beobachteten den Todeskampf des Insekts bis zu seinem Ende.

»Das ist der Preis der Wut«, sagte Jato.

Abends sprach der Junge mit seinem Vater, der Jato ein Goldstück schenkte.

Als der Prinz Kaiser geworden war, wurde er bekannt für sein ruhiges Urteil und seine Weigerung, sich provozieren zu lassen. Besonders die zweite Eigenschaft erwies sich als unschätzbar, da seine lange Herrschaft in unruhige Zeiten fiel.

»Der verehrungswürdige Buddha

kann mich zu sich nehmen, wann immer er will«, sagte die betagte Frau im Tempel. »Ich bin alt und habe ein erfülltes Leben geführt.«
An jedem Abend besuchte sie den Tempel, entzündete ein Räucherstäbchen und sprach diese Worte so laut, daß alle sie hören konnten.
Eines Abends versteckten zwei Knaben sich hinter der Statue des Buddha und riefen mit dröhnender Stimme: »Mach dich bereit, Alte. Heute geschieht's.«
Da starb die alte Frau vor Angst.

Obwohl die beiden Knaben nie jemandem von ihrer Tat erzählten, behielten sie ihr ganzes Leben einen gewaltigen Respekt vor Worten und der Macht, die in einem einfachen Satz oder einem gedankenlosen Scherz verborgen liegt.

»O weh! O weh!« rief der Novize,

der soeben die geliebte – und wertvolle – Tasse des Zen-Meisters zerbrochen hatte.
Der erschrockene Knabe ging zum Meister und fragte: »Warum muß es den Tod geben?«
Der Meister antwortete: »Der Tod ist eine natürliche Angelegenheit. Er kommt zu allen Menschen und Dingen.

Wir sollten ihn nicht voll Furcht begrüßen oder ihm mit Wut entgegentreten. Warum fragst du?«
»Weil, Meister, der Tod zu deiner Tasse kam.«

Ein Zen-Meister und einer seiner besten Schüler

kehrten spät nachts in ein Bergkloster zurück, als ein erbarmungsloser Wintersturm sie auf dem tückischen Pfad überraschte. Blieben sie stehen, so mußten sie erfrieren; gingen sie weiter, so riskierten sie, von den schlüpfrigen Felsen in den sicheren Tod zu stürzen.
Nur Blitze erleuchteten den Weg vor den beiden. Langsam kämpften sie sich im heulenden Sturm und peitschenden Regen voran. Fürchteten sie, den Weg verloren zu haben, so warteten sie den nächsten Blitz ab und prägten sich den Pfad ein, der als Bild in ihrem Blick verblieb.
Endlich erreichten sie das Kloster. Während sie sich abtrockneten und in der Küche ein spätes Mahl zu sich nahmen, gestand der Schüler seinem Lehrer, er habe am meisten gefürchtet zu sterben, ohne die Erleuchtung erlangt zu haben.
»Erleuchtung«, erwiderte der Lehrer, »ist keine Sonne, die den ganzen Tag scheint, sondern besteht aus Blitzen, die uns nur kurze Blicke erlauben, so daß wir uns von einem heiklen Ort zu einem anderen voranzutasten vermögen.«

»Gilt das auch für dich, Meister?« fragte der Schüler.
»Das gilt für die meisten von uns«, flüsterte der Meister.

Erleuchtung gibt es nicht nur im Zen.
Wir alle erfahren sie zu verschiedenen Zeiten
und in kleinen Rationen als verblüffende
persönliche Einsichten über unseren Standort im Universum.
Diese winzigen Erleuchtungen erscheinen wie Blitze,
verblassen wieder
und werden durch andere Einsichten vermehrt,
die unseren Weg erhellen.

Ein betagter Mönch,

der ein langes, tätiges Leben hinter sich hatte, wurde zum Lehrer an einer Mädchenschule ernannt. In Gesprächsrunden stellte er oft fest, daß die Liebe zum zentralen Thema wurde.
Dies ist die Warnung, die er an die jungen Frauen richtete: »Begreift die Gefahr, die von all dem ausgeht, was in eurem Leben zuviel ist. Zuviel Zorn im Kampf kann zu Tollkühnheit und Tod führen. Zuviel Eifer in Glaubensdingen kann zu Engstirnigkeit und Verfolgung führen. Zuviel Leidenschaft in der Liebe erschafft Traumbilder des Geliebten – Bilder, die sich schließlich als falsch erweisen und Zorn hervorrufen.

Zu sehr zu lieben bedeutet, Honig von einer Messerspitze zu lecken.«
»Wie kannst du als eheloser Mönch denn überhaupt etwas von der Liebe zwischen Mann und Frau wissen?« fragte eines der Mädchen.
»Irgendwann, liebe Schülerinnen«, erwiderte der alte Lehrer, »werde ich euch erzählen, warum ich Mönch geworden bin.«

»Ich bin wütend auf dich«,

sagte die eine Schwester zur anderen, als sie gemeinsam von der Bestattung ihrer Mutter zurückkehrten.
»Wieso?«
»Weil du dich bei der Trauerfeier nicht anständig benommen hast.«
»Was willst du damit sagen?«
»Es schien, als wärst du zu guter Laune gewesen.«
»Ich war guter Laune.«
»Wie kannst du so etwas sagen, wenn deine Mutter erst fünf Tage tot ist?«
»Ich finde, Freude und Leid gehen auf nebeneinander verlaufenden Pfaden wie zwei Pferde, die denselben Karren ziehen. Es kommt nur darauf an, beides zu seiner Zeit an seinem Ort zu erkennen.«
»Aber du hast gelacht und ...«
»Natürlich; ich habe mich gefreut, alte Freunde wiederzusehen. Es war schön, über Mutter zu sprechen und

gute Erinnerungen wiederaufleben zu lassen. Trauern tue ich allein. Wenn ich glücklich schien, so war ich es auch – in diesem Augenblick. Außerdem hat mir das Essen geschmeckt.«

»Aber was ist mit dem, was die Leute denken?«

»Das ist dein Problem, nicht meines.«

»Was das Essen betrifft, da hast du allerdings recht.«

»Mit der Freude auch.«

Die unverheiratete Tochter

des Holzfällers versteckte sich mit ihrem kleinen Sohn im großen Kleiderschrank, als sie hörte, wie die Soldaten plünderten und töteten. Die Schreie verrieten ihr, daß sie die Straße entlang näher kamen.

Diese Straße bildete die Grenze ihrer Welt. Hier fütterte sie im Winter die Vögel, hier zog sie ihren Sohn auf, geboren nicht aufgrund des Hungers ihres Fleisches, sondern wegen des Drängens ihres Verlobten, der sich dann davongemacht hatte. Hier hatte sie ihren Vater bis zu seinem Tode gepflegt, und seither pflegte sie wie aus Gewohnheit auch die Nachbarn. »Holt die Tochter des Holzfällers«, hieß es, und sie kam immer. Voller Liebe und geliebt, hatte sie vor, in dieser Straße auch einmal zu sterben, aber nicht heute, nicht mit ihrem geliebten Sohn.

Sie wußte, daß ein Soldat in ihren Hof eingedrungen war, denn ihr braver Hund bellte wütend, bis das Bellen plötzlich mit einem Jaulen erstarb. Dann hörte sie, wie jemand das Haus durchsuchte, und flüsterte ihrem kleinen Jungen zu: »Wir spielen Verstecken. Sei ganz still.«

Der Soldat, trunken vom Morden, riß die große Tür des Schrankes auf. Die Tochter des Holzfällers verhüllte die Augen ihres Sohnes, dann schlug sie ihren Hauskimono auseinander. Schockiert von ihrer Nacktheit, ließ der Krieger sein Schwert sinken. Sein Blick glitt an ihrem weichen Körper entlang.

In diesem Moment schwang die Tochter des Holzfällers ihr Feuerholzbeil in einem vollkommenen Bogen und spaltete den Schädel des Soldaten, der den Bogen des Beils fortsetzte und zu Boden stürzte, als mache er eine tiefe Verbeugung vor dem Tod.

»Hingefallen, bums gemacht«, erklärte die Mutter ihrem Sohn, als sie ihm das Tuch von den Augen nahm. Dann stiegen die beiden über die Leiche und entflohen in die Nacht.

Die Lehre des Zen weiß – wie das Leben selbst –,
daß wir oft zwischen dem geringeren von zwei Übeln
eine Wahl treffen müssen.
Hier pendelt das Prinzip der Gewaltlosigkeit
zwischen den Möglichkeiten, sich zu verteidigen
oder sich der Gewalt des plündernden
Soldaten zu ergeben.

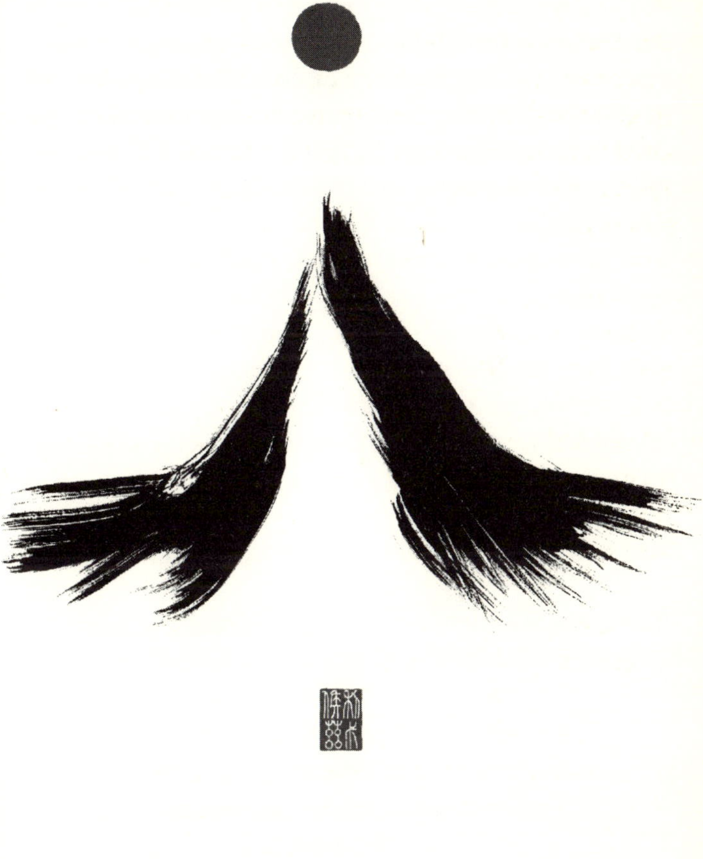

flog in immer engeren Kreisen wieder und wieder um die reine und doch so tödliche Flamme der Kerze.
Als sie die verhängnisvolle Flugbahn der Motte sah, rief die Fliege: »Paß auf, meine törichte Freundin. Wenn du so weitermachst, bringt dir das den sicheren Tod.«
»Hör mal«, entgegnete die Motte der Fliege, »wenn du deine Vorliebe für den stinkenden Kot je aufgeben solltest, dann kannst du es wagen, mir Vorhaltungen zu machen.«
»Aber du wirst sicher sterben, liebe Motte.«
»Wie könnte etwas so Schönes ... etwas, das sich so herrlich anfühlt, denn schädlich sein?« fragte die Motte.
»Hast du dich schon einmal verliebt?« wollte die Fliege wissen.
»Nein.«
»Dann wirst du's nie verstehen«, sagte die Fliege, während sie traurig zusah, wie ihre Freundin immer engere Kreise zog, bis die Flamme sie schließlich zischend verschlang.

Wer schon einmal stürmisch verliebt war,
wird dieses Gleichnis völlig verstehen.
Wer mit kühlerem Sinn geliebt hat,
jedoch nie.

Zwei Stadtbewohner

gerieten in Panik, als sie feststellten, daß sie sich im dichten Wald verlaufen hatten. Nachdem sie einen Tag und eine Nacht umhergewandert waren, stießen sie auf einen alten Einsiedler.

»Wie finden wir den Weg zurück?« fragten sie den Mann.

»Den könnte ich euch sagen, aber ihr würdet euch nur wieder verlaufen«, lautete die Antwort.

»Was sollen wir dann tun?« fragten die beiden.

»Folgt dem Strom.«

»Verzeihung?«

»Folgt dem Strom. Ihr seht doch das Rinnsal da drüben. Folgt ihm einfach. Rinnsale münden in Bäche, Bäche münden in Flüsse, und Flüsse fließen durch Städte. Außerdem werdet ihr auf eurem Weg Wasser zu trinken haben und Beeren zu essen.«

»Ist es das, was die Zen-Leute meinen, wenn sie sagen: ›Folge dem Strom‹?«

»Ja und nein«, erwiderte der Einsiedler und ging seiner Wege.

»Dem Strom folgen« ist ein aus der Zen-Praxis hervorgegangener Ausdruck.
Wie Wasser in einem Strom sollen wir annehmen, was das Leben uns bringt,
während es uns zu unserem endgültigen Ozean bringt.

Ein raffinierter, für seine Tücke bekannter König

hielt das Gleichgewicht in seinem Reich, indem er seine beiden fähigsten Generäle gegeneinander ausspielte. Seine Spione verbreiteten insgeheim Lügen, um die Kommandeure beständig aufzuhetzen, damit sie sich nicht verbündeten, um gegen den Herrscher zu rebellieren.
»Siehst du, wie gekonnt die Kavallerie deines Rivalen eine Attacke reitet? Warum kann deine Kavallerie das nicht genauso?« fragte der König den einen.
Und zum anderen sagte er: »Schick deine Infanterie zu dem anderen General, damit sie dort etwas lernt.«
In der Schlacht wetteiferten die beiden Heerführer dann darum, sich gegenseitig auszustechen. Um seinen Feldzügen mehr Stoßkraft zu verleihen, forderte der König beide Männer auf, dieselbe Stadt zu erobern. Wer gewann, wurde belohnt und gepriesen; der »Verlierer« hingegen wurde des allgemeinen Sieges zum Trotz geschmäht.
Es war nicht verwunderlich, daß der Haß der Generäle aufeinander keine Grenzen kannte – bis auf den Gehorsam, den sie ihrem Herrn geschworen hatten.
Eines Tages wagte sich der König zu weit in die Schlacht und wurde von feindlichen Truppen umzingelt, die ihn liebend gern in Stücke geschnitten und diese an ihre Feldzeichen geheftet hätten.
Im letzten Moment jedoch rettete ein von einem der Generäle befehligter Trupp den Herrscher vor dem sicheren Tod.

아

»Nenn mir deinen Lohn!« rief der König atemlos aus. »Ich will dir alles geben, was in meiner Macht steht.«
»Alles?« fragte der General mit einem bösen Funkeln in den Augen, das den König ahnen ließ, daß er es auf den Kopf seines Rivalen abgesehen haben könnte.
»Ja, alles. Ich muß dir allerdings sagen, daß ich alles, was ich dir gebe, deinem Mitstreiter zweifach zukommen lassen werde.«
»Schön!« erwiderte der Retter. »Dann laß mich auf einem Auge blenden.«

Viele, die beispielsweise eine Scheidung durchlebt oder beobachtet haben, werden finden, daß diese Geschichte nicht so weit hergeholt ist.

Die alte, leidende Frau

klagte ihrer besten Freundin: »Es ist einfach scheußlich, alt zu sein. Es ist scheußlich, hier im Altenheim zu leben.«
»Sei doch zuversichtlich ...«, setzte die Freundin an.
»Zuversichtlich weshalb? Ach je.«
»Nun, hast du Schmerzen?«
»Nein.«
»Erinnerst du dich daran, wie gut du dich damals gefühlt hast, als die Schmerzen endlich verschwanden? War das erfreulich?«
»Ja.«

»Dann denk einfach daran, daß du jetzt dieselbe Freude empfinden könntest.«

»Aber alles ist so schrecklich hier. Das Essen ...«

»Wie hat dein Mittagessen geschmeckt?« wollte die Freundin wissen.

»Grauenhaft!«

»Im Ernst? Du hast doch alles aufgegessen!«

»Ich hatte ja nichts anderes. Mir blieb keine Wahl«, erwiderte die kranke Frau.

»War nicht doch irgend etwas gut?«

»Die Schlagsahne auf dem Obstsalat.«

»Schön, fang damit an. Denk an die Schlagsahne.«

»Das ist doch alles Blödsinn. Nichts als falscher Optimismus.«

»Dann sag mir mal, wieso du dein Mittagessen aufgegessen hast«, fragte die Freundin.

»Weil – verdammt noch mal – das alles war, was ich hatte.«

»Darauf will ich ja hinaus, meine Liebe.«

Der Zen-Buddhismus lehrt uns zwei wertvolle Dinge:
das Leben zu akzeptieren, wie es kommt,
mit all seinen guten und schlechten Seiten,
und im Augenblick zu leben
und der kleinen Freuden gewahr zu sein.

Der warzige Frosch

und der schimmernde Goldfisch begegneten sich eines Sommernachmittags im Tempelteich.
»Siehst du nicht, wie schön ich bin?« blubberte der Goldfisch und schwang seinen stattlichen Körper.
Der Frosch gab keine Antwort.
»Ich kann dein Schweigen verstehen«, prahlte der Goldfisch. »Nicht nur, daß meine Bewegungen voller Anmut sind, ich spiegle auch die goldenen Strahlen der Sonne.«
Wieder reagierte der Frosch in keiner Weise.
»Sag doch was«, forderte der Goldfisch.
Im selben Moment packte ein lauernder Kranich den glitzernden Fisch und erhob sich in den Himmel.
»Adieu«, quakte der Frosch.

Mitten in der Nacht

wachte der Junge auf, weil es nach Rauch roch. Ohne sich anzuziehen oder auch nur in seine Sandalen zu schlüpfen, erkundete er den aus Holz gezimmerten Schlafsaal, in dem er mit achtundvierzig weiteren Knaben schlief.
Er verfolgte den Rauch wie ein Hund, der sich von seiner Nase leiten läßt. Als er die Tür zur Treppe berührte, glühte sie so heiß, daß er seine Hand wegriß.
»Wacht auf!« schrie er. »Feuer! Keine Zeit zum Anziehen.

Lauft. Nein, nicht hier entlang. Da lang. Paßt auf, daß auch alle mitkommen.«

Einen »Helden« nannten ihn die Zeitungen und die Belobigung von seiten der Schule.

Als »Buddha« bezeichnete ihn der Lehrer, der ihn im Zen unterrichtete. »Ein Buddha warst du, weil das Wort genau dies bedeutet: der Erwachte. Denk daran, wie es für den Buddha war, unter dem Bodhi-Baum zu erwachen und zu erkennen, daß die Welt vor Verzweiflung in Flammen stand. Wenn du darüber nachdenkst, kommst du darauf, daß er dieselben Dinge sagte wie du:

»Wacht auf.« *(Sucht die Erleuchtung.)*
»Feuer!« *(Leiden.)*
»Keine Zeit zum Anziehen.« *(Gebt eure Anhaftungen auf.)*
»Nicht hier entlang, da lang.« *(Der Achtfache Pfad.)*
»Paßt auf, daß alle mitkommen.« *(Seine Lehre an die Welt.)*

Ein forscher Junge,

der die Schule für Bogenschießen besuchte, ersann einen brillanten Schwindel, um seine Kameraden zu verblüffen. Es war der Brauch, daß die jungen Bogenschützen am frühen Morgen ins Freie gingen, um Kreise auf verschiedene Ziele zu malen und dann darauf zu schießen.

Der Junge schlich sich also vor allen anderen hinaus und schoß drei Pfeile auf entfernte Ziele. Sobald die Pfeile getroffen hatten, rannte er hin und malte Kreise darum. Dann eilte er zurück zum Schießplatz, um auf seine Kameraden zu warten.

Wie das Leben so spielt, beschloß der Meister genau an diesem Morgen, seine Schüler zu besuchen.

»Großartig«, sagte er. »Und jetzt zeig es uns noch einmal.«

Der Junge ging los, zog die Pfeile heraus und traf trotz der beträchtlichen Distanz auf mustergültige Weise wieder in die Mitte eines jeden der Kreise.

»Du kommst zu den Fortgeschrittenen«, verkündete der Meister.

»Wie um alles in der Welt hast du das bloß geschafft?« flüsterte der beste Freund des Jungen, der von dem Schwindel wußte.

»Es war ganz leicht«, erwiderte der Junge, »sobald ich erkannt hatte, daß die Pfeile den Weg schon kannten.«

Nach den Zerstörungen des Krieges

kehrten die Überlebenden in die Ruinen ihres Dorfes zurück. Jenseits aller Qual versammelten die Familien sich um ihren Führer, einen Zen-Priester, der ihnen sagte:

»Ich weiß keine Erklärung. Also werde ich euch auch keine anbieten. Ich weiß nicht, warum ihr überlebt habt,

während andere starben. Ich weiß nicht, warum dies geschehen durfte. Ich weiß nur, daß wir noch am Leben sind und in den einfachen Notwendigkeiten des Alltags fortfahren müssen.
Es genügt durchzuhalten. Denkt an den Bambus. Seine Blüten öffnen sich im Frühling und verwelken in der Sommerhitze, und dennoch lebt der Bambus das ganze Jahr.
Der Sommertaifun reißt die großen Bäume nieder, doch der Bambus biegt sich im Wind und überlebt dadurch.
Im eiskalten Winter, wenn alles braun ist, behält der Bambus sein Jadegrün.
Denkt an den Bambus. Es genügt durchzuhalten.«

Bevor die Zeit begann,

spielte die Göttin Ticca in ihrem Garten. Sie machte Lehmfiguren.
Ticcas Mutter aber war so sehr damit beschäftigt gewesen, gemeinsam mit ihren Schwestern gegen die Familie ihres Gatten zu intrigieren, daß ihr gar nicht aufgefallen war, daß ihr Kind zu einer jungen Frau herangewachsen und nun fähig war, Leben zu erschaffen. Und da ihre Mutter sie so vernachlässigt hatte, war sich Ticca der neuen Kräfte und Verantwortlichkeiten nicht bewußt, die das Frausein mit sich bringt.
Ticca war von einer besonders gelungenen Figur so entzückt, daß sie ihr in die Nasenlöcher blies. Sofort begann

die Figur zu atmen und schlug die Augen auf. Erschrokken lief die junge Göttin zu ihrer Mutter und berichtete ihr, was geschehen war.

»Du böses, böses Kind«, schalt die Mutter. »Hat die Figur dich gesehen, als sie lebendig wurde?«

»Nur einen Augenblick lang. Dann bin ich verschwunden.«

»Ach je! Na, jetzt können wir nichts mehr tun, als es deinem Vater zu erzählen« (der ziemlich zornig war, weil er nun eine ganze Welt erschaffen mußte, um die kindische Torheit seiner Tochter zu beherbergen).

So geschah es, daß der Mensch durch die unschuldige Zuneigung eines himmlischen Kindes erschaffen wurde. Was er aber bei jenem ersten kurzen Blick erlebte, ist ihm durch alle Zeiten hindurch im Gedächtnis geblieben. Es ist der angeborene Sinn des Menschen für seinen göttlichen Ursprung.

Die Aufforderung des Buddhas,
in uns hineinzublicken, beruht auf
der wundersamen Überzeugung,
daß wir in unserem Erbgut ein Gefühl
für unseren Ursprung besitzen – so etwas
wie den legendären Blick auf die mythische Ticca.
Der Zen-Buddhismus lehrt uns, daß wir nur
hinsehen müssen, und zwar genau.

lag in seinem Krankenhausbett und dachte an den Tod. Er hatte sich bereits selbst den Puls gemessen und das Resultat notiert. Außerdem hatte er sich über das Essen beschwert und einen Brief entworfen, der einen Plan zur Neugestaltung der Essensverteilung enthielt.

Nun aber dachte er an seinen Tod. Er hätte gern glauben wollen, daß seine Firma mit ihm zusammenbrechen würde, so wie die Gebäude seiner Konkurrenten bei Erdbeben in sich zusammenfielen, und doch wußte er, daß die Firma weiterbestehen und sogar gedeihen würde, genau wie seine Frau und seine Kinder.

»Wenn Sie es nicht lernen, sich zu entspannen, werden Sie sterben«, sagte der junge Arzt. »Sie stehen völlig unter Streß, und die Medikamente können Ihnen nicht helfen, Herr Tanaka.«

Der Gedanke ans Sterben erschreckte Herrn Tanaka, der bei Trauerfeiern immer »verreist« war und statt seiner selbst teure Blumen schickte. Er hatte tatsächlich versucht, sich zu entspannen. Er hatte es mit aller Kraft versucht, was seinen Blutdruck aber nur weiter erhöht hatte. Nun fühlte er sich geschlagen, da die Errungenschaften seines Lebens nichts mehr zählten.

»Ich kann jederzeit sterben«, verkündete Herr Tanaka.

»Trifft das nicht auf uns alle zu?« meinte sein Zimmernachbar freundlich.

»Ich meine wirklich sterben!«

»Gibt es einen unwirklichen Tod?«

»Ich bin Herr Tanaka von der gleichnamigen Baufirma.«

»Und ich bin Professor Suzuki von der Zen-Schule.«
»Was unterrichten Sie?«
»Meditation«, antwortete der Lehrer.
»Vielleicht sollten wir uns unterhalten«, sagte Herr Tanaka.

Schon im Zen-Grundkurs werden wir
mit der altbekannten Tatsache konfrontiert:
»Ist der Schüler bereit, so erscheint der Lehrer.«

Als die Schauspielerin

in den Teich blickte, sah sie ein vollkommenes Gesicht, perfekte Zähne und einen ebensolchen Körper.
»Ach, warum bin ich kein Star?« fragte sie.
»Ich kann dich dazu machen«, sagte der Frosch.
»Wer bist denn du?« rief die Schauspielerin aus.
»Ein weltbekannter Produzent, der in einen Frosch verwandelt wurde – von einer Frau, die ich für die Rolle einer Hexe engagiert hatte. Dann stellte sich heraus, daß sie eine echte Hexe war. Sie hat mich mit diesem Zauberbann belegt.«
»Wie kann ich dir helfen, und was bekomme ich dafür?« fragte sie.
»Sobald du den Platz mit mir tauschst, wird der Bann gebrochen. Dann bin ich wieder ein weltbekannter Filmproduzent, und du wirst in all meinen Filmen mitspielen«, erklärte der Frosch.

»In Ordnung«, willigte die Schauspielerin ein, die nicht allzu helle war.
»Da, schon passiert. Danke«, sagte der Produzent, nun wieder in menschlicher Gestalt.
»Und wann werde ich wieder verwandelt?« wollte die zum Frosch gewordene Schauspielerin wissen.
»Na ja, meine Liebe«, meinte der Produzent, »das ist ja genau der Haken an der Sache.«
Allerdings hielt er sein Wort. Er produzierte viele erfolgreiche Filme, die für die Marotte bekannt wurden, daß darin immer ein Frosch eine Rolle spielte.

Man sollte Vorsicht walten lassen,
wenn man sich wünscht,
mit irgend jemandem zu tauschen.
Der Wunsch könnte in Erfüllung gehen.

»Bald kommt das Boot,

das mich nach Hause bringt, weil ich bei meinen Studien versagt habe«, sprach der junge Mann zu seinem Lehrer. »Was soll ich meiner Familie sagen?«
»Sag, daß du dein Bestes getan hast, und mehr kann man von einem Menschen nicht verlangen«, erwiderte der Lehrer.
»Aber ich wollte ein berühmter Mönch werden und die Sutras lehren.«
»Das kannst du doch.«

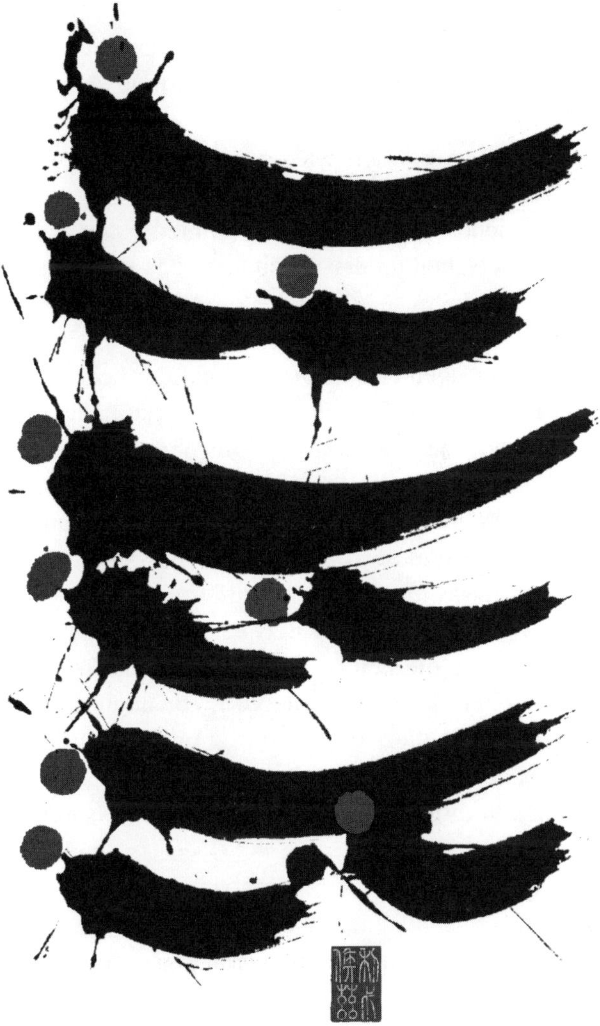

»Wie denn?« fragte der traurige Junge.

»Lebe die Sutras. Ich werde es dir erklären: Siehst du das Boot, das da vor der untergehenden Sonne über den See segelt?«

»Ja.«

»Siehst du, wie sein Kielwasser sich auf dem See ausbreitet? Sieh, wie das Boot als Spitze eines goldenen Dreiecks erscheint, dessen Schaukel das Kielwasser bildet.«

»Irgendwie ...«

»Kneif die Augen zusammen«, befahl der Lehrer.

»Das Boot bist du, der das Kloster verläßt; der See ist dein Leben; das Kielwasser ist die Wirkung, die du auf die Welt haben wirst. Jede kleine Welle führt zu einer weiteren Welle, und diese bringt wieder eine neue Welle hervor. Indem du nach den Geboten lebst, kannst du all jene die Sutras lehren, die du triffst; einige dieser Menschen werden dein gutes Beispiel an andere weitergeben. So bringt die sich ausbreitende goldene Welle guter Taten weitere gute Taten hervor. Vor allem aber sieh, wie jede Welle die Sonne auffängt und ihr Licht in den Himmel zurücksendet.«

»Kannst du nicht mit mir heimfahren und das alles meinem Vater erklären?«

»Das ist meine Kathedrale«,

schwärmte die Dame im geblümten Gewand, als sie zwischen Farnkraut in einem Wald aus Mammutbäumen stand.
»Hier sehe ich Gott. Hier erfahre ich, daß Mensch und Natur eins sind. Hier fühle ich mich als Teil der Einheit, erkenne Pflanzen und Bäche und Vögel als Teil eines großen Ganzen.«
Als ein vorüberfliegender Vogel allerdings etwas auf ihr teures Kleid fallen ließ, kühlte ihre Begeisterung für Vögel als Teil des großen Ganzen ein wenig ab.

»Ist mir die Buddha-Natur eigen?«

fragte der sprechende Hund.
»Natürlich nicht«, erwiderte der berühmte Zen-Meister Joshu.
»Warum nicht?« wollte der Hund wissen.
»Weil du keinen Verstand besitzt, du reagierst nur.«
»Und wer stellt deiner Meinung nach diese Frage?«
»Welche Frage?« entgegnete Joshu. »Es weiß doch jeder, daß Hunde nicht sprechen können.«

Der moderne Zen-Meister

Thich Nhat Hanh lehrt eine wunderbare Meditation beim Umarmen. Sie geht so:

- Umarmst du einen Menschen, den du liebst, so sei während des ersten Ein- und Ausatmens vollständig in der Gegenwart mit ihm – und nirgendwo anders auf der Welt.
- Halte ihn dann drei Atemzüge lang in deinen Armen. Nicht länger; nicht kürzer.

Man sagt, auf dem Flughafen von Atlanta habe ein Mann bei der Rückkehr von einem Meditationskurs seine Frau auf diese Weise umarmt. Danach veränderte sich seine Ehe grundlegend.

Diese Meditation kann man sich nicht vorstellen
oder im Geiste wahrnehmen.
Man muß sie erfahren.
Versuchen Sie es wenigstens ein einziges Mal!

»Ein Wundertäter kommt«,

rief der junge Mönch seinem Gefährten zu. »Komm mit. Wir werden neue Dinge sehen und vielleicht mehr lernen, als wir hier je lernen könnten.«

»Geh nur hin«, sagte sein Freund, »und erzähl mir alles, wenn du wiederkommst.«
Als der Junge, der zu dem Wundertäter gegangen war, zurückkehrte, sah er seinen Freund weinend im Garten sitzen.
»Warum weinst du?« fragte er, und da gab ihm sein Freund ein Gedicht zu lesen, das er aus einem Werk von Lao-tse kopiert hatte:

Es tut nicht not hinauszulaufen,
um besser zu sehen.
Verweile vielmehr
im Zentrum deines Seins.

Denn je mehr du es verläßt, desto weniger lernst du.
Erforsche dein Herz und sieh.
Zu tun heißt: einfach sein.

»Aber warum weinst du denn?« wollte der andere wissen.
»Während du weg warst, habe ich hier mein eigenes kleines Wunder erfahren.«
»Wo?«
»Hier«, sagte der im Kloster gebliebene Junge und zeigte auf die Stelle zwischen seinen Augen.

Kleine Wunder geschehen
in dem ehrfurchtgebietenden Schweigen,
das im Zentrum unseres eigenen Wesens herrscht –
ob durch Meditation oder plötzliche Einsichten.
Der Wundertäter sind wir selbst!

Wie ein zahmer Falke

thronte der Stolz auf der Schulter des siegreichen Generals, als dieser an der Spitze seiner Armee marschierte.
»Was tust *du* denn hier?« wollte der Stolz wissen, als er sah, daß auf der anderen Schulter die Erniedrigung hockte.
»Wo du hingehst, da gehe auch ich hin«, erwiderte die Erniedrigung.
Dann änderte sich das Kriegsglück, und bald war der General gezwungen, in Lumpen von seiner geschlagenen Armee zu entfliehen. Indem er das Verhalten eines Bettlers nachahmte, versuchte er, sich durch die feindlichen Linien hindurch zu retten.
»Erkennst du jetzt, wie wertvoll ich bin?« fragte die Erniedrigung.
»Psst«, zischte der Stolz, »sonst hört dich jemand.«

»Weißt du, wer ich bin?«

fragte die Frau den alten Mann im Bett des Pflegeheims.
»Nicht richtig«, antwortete der Mann. »Aber als Sie hereinkamen, hatte ich so ein warmes Gefühl, als würde ich Sie schon lange kennen. Vielleicht ist es Ihr liebes Lächeln. Sind Sie neu hier, Schwester?«
»Ist schon gut, Vater«, sagte die Frau, ergriff seine Hand und legte sie an ihre Wange.

Ein berühmter Lehrer

führte seine Schüler zu einer Lichtung im Wald, auf der wilde Affen lebten. Dort nahm er einen hohlen Flaschenkürbis mit einem kleinen Loch und stopfte süßen Reis hinein, ein Leckerbissen für Affen. Er band den Kürbis an einen Pfahl und wartete mit seinen Schülern ab.

Bald näherte sich ein großer Affe. Er roch den Reis, steckte seine Hand in den Kürbis und kreischte vor Enttäuschung, als er nicht in der Lage war, seine nun zur Faust geballte Hand aus der engen Öffnung zu ziehen.

In diesem Augenblick näherte sich ein Leopard, hörte das Gebrüll des Affen und beschloß, ihn zum Mittagessen zu verspeisen.

»Laß doch den Reis los. Lauf weg!« schrien die Schüler, doch vergebens. In seinem Heißhunger auf Reis weigerte sich der Affe loszulassen, weshalb er von dem Leoparden gefangen und gefressen wurde.

»Was war die Falle, die dem Affen den Tod brachte?« fragte der Meister.

»Reis«, sagte einer der Schüler.

»Der Kürbis«, meinte ein anderer.

»Nein«, erklärte der weise Lehrer, »die Falle war die Gier.«

Ein frommer Mönch lebte

in einer weiten Tiefebene, die während des Monsuns zu einem gefährlichen Ort wurde. Trotz wiederholter Warnungen – und trotz des steigenden Wassers – weigerte der Mönch sich, seine Hütte zu verlassen.

»Ein Engel hat mir im Traum versprochen, er werde mich beschützen«, erklärte er den vielen Menschen, die ihn retten wollten: seinen Nachbarn, die zuhauf entflohen, den Dorfbeamten, die mit einem Karren kamen, und schließlich der Rettungsmannschaft in einem Boot.

»Der Engel hat mir ein Versprechen gegeben«, erklärte er hochmütig.

Als der fromme Mönch ertrunken war, traf er als erstes auf den Engel seiner Träume.

»Was machst du denn hier?« wollte der Engel wissen.

»Aber du hast mir doch versprochen ...«, sagte der Mönch.

»Ich hab mein Versprechen auch gehalten, du dickköpfiger Narr! Ich hab dir deine Nachbarn geschickt, einen Karren und schließlich Leute in einem Boot.«

»Oh«, erwiderte der Mönch.

Buddhismus ist wie ein Baukasten zum Selbermachen,
kein magisches Geschenk.
Er verlangt von seinen Anhängern großen Glauben,
großen Zweifel und große Anstrengung.

»Ich werde allmählich verrückt«,

sagte die gestreßte junge Mutter.
»Du hast auch wirklich alle Hände voll zu tun«, bestätigte ihre Mutter.
»Bei zwei Kindern, für die ich keinen Unterhalt bekomme, hab ich tatsächlich Unmengen zu tun. Mir schwirrt der Kopf«, sagte die Tochter.
»Schatz, ich weiß, wie schlimm das jetzt für dich ist, aber später wirst du diese Zeit als die erfüllendste deines Lebens betrachten.«
»Das war vielleicht für dich und Vater so, aber für mich gilt das nicht.«
»Du wirst schon sehen. Ich wünschte nur, ich hätte die wunderbaren Dinge schätzen können, die geschehen sind – und zwar während sie geschahen.«
»Was für wunderbare Dinge? Zuwenig Schlaf? Zuwenig Geld?«
»Ich habe gemerkt«, sagte die Mutter, »daß die Kunst des Lebens darin besteht, alles Wunderbare in der Gegenwart wahrzunehmen und den Rest einfach zu ertragen.«
»Platitüden«, brummte die Tochter, als ihre Mutter – die sie um ein Darlehen hatte bitten wollen – weggegangen war.
»Was ist so herrlich an diesem Augenblick?« fragte sie, als ein prächtiger, nackter Dreijähriger aus dem Schlafzimmer stampfte, an den Füßen die Gummistiefel seiner Schwester, auf dem Kopf einen Helm aus Unterhosen. Dann stieß sie einen Jauchzer aus und spürte mit einem Mal soviel Liebe, daß ihre Tränen des Lachens in Tränen

der Freude übergingen, ohne daß auch nur ein Herzschlag dazwischen gelegen hätte.
Die junge Frau dachte an das, was ihre Mutter gesagt hatte, und schrieb eine Liste aller kleinen Freuden der letzten beiden Tage.
Und dann begann sie, das am Ende eines jeden Tages zu tun.
Obwohl ihr Leben gleichblieb, veränderte sich ihre Einstellung dazu, und so veränderte sie sich. Erst da veränderte sich auch ihr Leben.

Die Liste ihrer Festnahmen

trug eine bekannte Friedensaktivistin bei Protestmärschen gegen den Vietnamkrieg und andere militärische Unternehmungen wie ein Ehrenzeichen.
Irgendwann aber zog sie sich aus der Bewegung zurück. Ihre Begründung war dies: »Bei meinem Kampf für den Frieden war ich so wütend und erbittert geworden wie jene, gegen die ich protestierte. Eines Tages bemerkte ich, daß ich ein Transparent in der Hand hielt, auf dem stand: ›Für den Frieden zu töten ist wie für die Keuschheit zu vögeln.‹ Da erkannte ich, daß dieses Paradox auch auf mich zutraf.
Ich gab es also auf, für den Frieden in der Welt Krieg zu führen, und begann damit, am Frieden in mir selbst zu arbeiten, denn dies ist der einzige Ort, an dem der wahre Frieden seinen Anfang nehmen kann.«

»Das Keuschheitsgelübde

ist eine ernste Sache«, sagte der junge Mönch zum älteren.
»Ja, ich weiß«, antwortete der Ältere.
»Und wir machen es uns zum feierlichen Brauch, die Gesellschaft von Frauen zu meiden.«
»Ganz recht«, sagte der Ältere, »aber was ist mit jener jungen Frau in ihrem feinen Festgewand, die nicht zur Hochzeitsfeier gehen kann, wenn niemand sie über den Fluß trägt?«
»Wir haben unsere Regeln, die nicht gebrochen werden dürfen«, erklärte der junge Mönch, der alle Regeln auswendig konnte.
»Und wie steht es mit dem Gebot des Mitgefühls? Sieh doch, sie weint. Ohne unsere Hilfe wird sie die Hochzeit ihrer Schwester versäumen.«
»Regeln sind Regeln.«
Ohne ein weiteres Wort nahm der ältere Mann die Frau auf den Arm und trug sie über den Fluß auf die andere Seite.
Die beiden Mönche setzten ihre Reise schweigend einen halben Tag lang fort.
»Du hättest jene schöne Frau wirklich nicht auf den Arm nehmen und sie über den Fluß tragen sollen«, sagte der strenge Mönch schließlich.
»Mein junger Freund, ich habe sie schon vor einem halben Tag am Ufer jenes Flusses gelassen. Du aber trägst sie seither wohl mit dir.«

Hinter dieser offensichtlichen Aufforderung zu Mitgefühl verbirgt sich eine weitere Wahrheit – was es bedeutet, in der Gegenwart zu leben, ohne sich an die Vergangenheit zu klammern. Wie viele von uns stecken noch tief in alten Lieben, alten Händeln und alten Süchten, die schon lange vergangen sind.

Geplagt vom Problem der Keuschheit

klagte ein ernsthafter Mönch vor seinem Meister über eine aufdringliche junge Frau, die inmitten seiner tiefsten Versenkung auftauchte.

»Da«, sagte der Meister und gab dem Mönch einen mit Tusche getränkten Pinsel. »Wenn sie dich das nächste Mal stört, mal ihr ein großes Kreuz auf die Stirn, damit wir die Schuldige identifizieren können.«

Der junge Mann nahm den Pinsel mit.

»Es hat geklappt«, rief er nach dem nächsten Sitzen in der Meditationshalle. »Als sie versuchte, mich zu verführen, hab ich getan, was du gesagt hast, und da ist sie verschwunden.«

»Ausgezeichnet«, sagte der Meister. »Jetzt wasch dich, und geh zu Bett.«

Als der Mönch in den Badezimmerspiegel blickte, sah er zu seiner Verblüffung, daß auf seine eigene Stirn ein großes Kreuz gemalt war.

Er lief ins Zimmer des Meisters, um ihn um eine Erklärung zu bitten.

»Vielleicht«, sagte der Meister, »ist dies ein Beispiel dafür, wie oft wir unsere Probleme jemand anderem in die Schuhe schieben, obgleich wir selbst die wahre Quelle des Problems darstellen.«

Ein weiser Zen-Frosch

erläuterte einmal den jüngeren Fröschen das Gleichgewicht der Natur:
»Seht ihr, wie die Fliege dort eine Mücke frißt? Und jetzt« – ein Schnappen – »fresse ich die Fliege. Das alles ist Teil des großen Zusammenhangs der Dinge.«
»Ist es nicht schlecht zu töten, um zu leben?« fragte ein nachdenklicher Frosch.
»Das kommt darauf an ...«, erwiderte der weise Frosch, als eine Schlange ihn mit einem Biß verschlang, bevor er seinen Satz noch beenden konnte.
»Worauf kommt es denn an?« riefen seine Schüler.
»Darauf, ob man die Dinge von innen oder von außen betrachtet«, ertönte die gedämpfte Antwort aus der Schlange.

*Wie tapfer finden sich die Familien alter und kranker Menschen doch mit dem Tod ab.
Allerdings haben die Alten und Kranken oft eigene Vorstellungen davon, wann es an der Zeit ist aufzugeben.*

»Erinnerst du dich

noch an Großmama?« fragte der Großvater seine Enkelin.
»Nein«, antwortete das achtjährige Mädchen.
»Du hast die ersten zweieinhalb Jahre bei uns gewohnt, weil deine Mutter krank war.«
»Ich kenne Großmama nur von den Fotos auf der Anrichte und aus deinen Videos.«
Der Großvater beobachtete das lebhafte Kind, das tanzend den Tisch deckte. Er liebte den fröhlichen Tonfall dieses kleinen Mädchens, einen Tonfall, der ein Echo des seltsamen Karmas seiner toten Frau schien.
»Ich glaube, du erinnerst dich vielleicht doch an Großmama.«
»Nein«, sagte das Kind. Es drehte Pirouetten um den Tisch, während es die Servietten auf die Teller warf wie eine Basketballspielerin.

Der Hund des Zen-Meisters

genoß den Abendspaziergang mit seinem Herrn. Er sprang davon, um einen Stock zu apportieren, rannte wieder zurück, wedelte mit dem Schwanz und wartete aufs nächste Spiel.
An diesem Abend hatte der Lehrer einen seiner aufgewecktesten Schüler eingeladen, ihn zu begleiten. Der

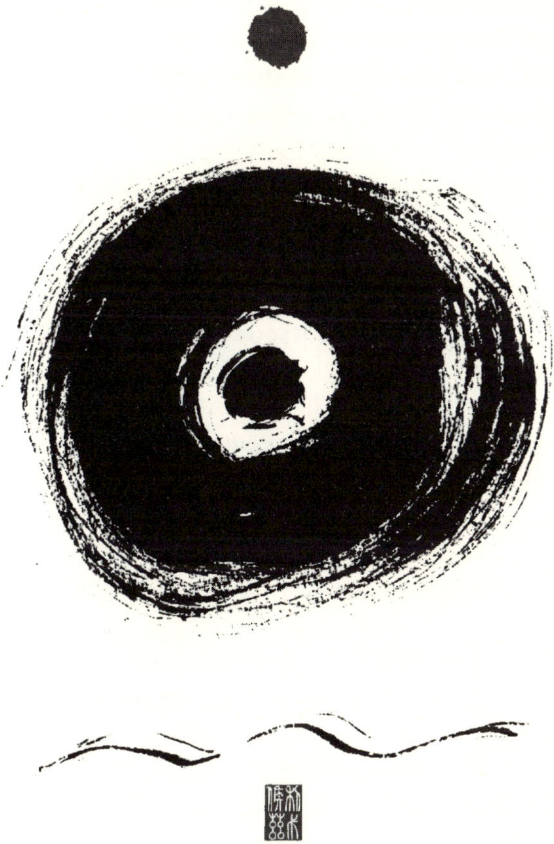

Junge war so intelligent, daß ihm die Widersprüche der buddhistischen Lehre allmählich Probleme bereiteten. »Du mußt begreifen«, sagte der Meister, »daß Worte nur Wegweiser sind. Laß Worte oder Symbole nie die Wahrheit verdecken. Komm, ich zeig's dir.«
Der Lehrer rief seinen lebhaften Hund.
»Hol mir den Mond«, befahl er ihm und zeigte auf den Vollmond.
»Wohin blickt mein Hund?« fragte der Lehrer den aufgeweckten Schüler.
»Er blickt auf deinen Finger.«
»Genau. Benimm dich nicht wie mein Hund. Verwechsle den deutenden Finger nicht mit dem Ding, auf das er deutet.
Alle unsere buddhistischen Begriffe sind nur Wegweiser. Jedermann schlägt sich seinen Weg durch die Worte anderer Menschen, um seine eigene Wahrheit zu finden.«

Zen-Praxis darf nie zum Selbstzweck werden.
Sie ist nur ein Werkzeug,
um dem Übenden zu einem tieferen Verständnis
zu verhelfen; und wie bei allen wirklich
tauglichen Werkzeugen paßt ihr Benutzer sie seinen
individuellen Bedürfnissen an.

Ein katholischer Bischof

hatte den ganzen Tag bei einem berühmten Zen-Lehrer verbracht, weil er hoffte, etwas über die Grundlagen des Zen zu erfahren. Nach vielen Stunden waren beide Männer müde und legten eine Teepause ein.

Der Zen-Lehrer nahm die Tasse des Bischofs, füllte sie bis zum Rand und schenkte weiter nach, bis der Tee auf den Tisch lief.

»Genug!« sagte der Bischof. »Warum schenken Sie denn weiter nach, wenn meine Tasse voll ist?«

»Um Ihnen zu demonstrieren, daß Ihr westlicher Geist wie Ihre Tasse ist – so gefüllt mit festen Vorstellungen, daß nichts mehr hineinpaßt. Wenn Sie einfach versuchen, Ihren Geist von alten Denkweisen zu befreien, können wir vielleicht ein Stück vorwärtskommen.«

»Gute Idee«, meinte der Bischof, »ich fange damit an, daß ich mir Ihre Tasse nehme.«

Die beiden lachten, doch von diesem Punkt an begann der Bischof, mit einem neuen Geist zuzuhören, und begriff schließlich, worum es ging.

Bei einem Gespräch mit einem nervösen Schüler fragte der Zen-Lehrer: »Hörst du zu, oder wartest du darauf, daß du etwas sagen darfst?«

Ein Zen-Meister

fuhr mit seinen Schülern zu einem Meditationskurs in die Berge. Viele der jungen Männer kamen aus Städten oder gepflegten Dörfern und hatten keinerlei Erfahrung in der Wildnis.

»Gibt's in diesen Bergen wilde Tiere?« wollte einer wissen.

»Wo ist die Toilette?« fragte ein anderer.

»Wir sind hier, um in Kontakt mit der Natur und mit uns selbst zu kommen«, erklärte der Meister, während er den jungen Männern half, ihre Zelte aufzuschlagen und ein Feuer zu entfachen. In der Nacht tobte der Wind, und kalter Regen fiel auf die unglücklichen Camper.

»Heute beginnen wir den Morgen mit einem echten Naturerlebnis«, sagte der Zen-Meister. »Zieht euch aus, wir nehmen ein erfrischendes Bad.« Doch statt zum Fluß zu gehen, führte er die splitternackten Jungen auf einem steilen Pfad zu einem Felsen, der über einen kleinen Bergsee ragte. Der Höhenunterschied war schwindelerregend, aber ungefährlich.

»Ihr meint vielleicht, jetzt kommt eine Übung, bei der es um den Körper geht«, sagte der Meister zu seinen zitternden Schülern. »Dem ist nicht so. Es ist eine geistige Übung. Stellt euch jetzt einer nach dem anderen an den Rand und springt mit den Füßen voran in den See. Unten wartet mein Assistent. Er ist ein ausgezeichneter Schwimmer und wird dafür sorgen, daß ihr nicht ertrinkt. Stellt euch jetzt dem Namen nach auf und springt!«

Der Mönch Ashito ging zögernd zum Rand, wo er innehielt.
»Spring schon!« brüllten seine Kameraden. »Wir frieren wie verrückt.«
Ashito schrie, bis er platschend ins Wasser fiel. Als er wieder an die Oberfläche kam, half ihm der Assistent ans Ufer. »War überhaupt nicht schlimm«, rief Ashito zu seinen Gefährten empor.
Wieder trocken, warm und satt, traf die Gruppe sich im Hauptzelt.
»Nun, welche geistige Lektion haben wir heute morgen gelernt?« fragte der Mönch Ashito.
Der Meister antwortete:
»Ihr habt etwas über den Weg zur Erleuchtung erfahren. Bei der Meditation müßt ihr nackt und mutig sein. Vertraut euren Lehrern, und gebt eure alte Vorstellung auf, eine andere Verständnisebene erreichen zu wollen, als gehe es um den Unterschied zwischen Stehen und Schwimmen. Denkt daran, daß ihr nicht in den See gesprungen seid – ihr seid in die Luft getreten und wurdet ins Wasser befördert.«

»Unser Geburtstagsfest auf Video

gewinnt bestimmt einen Oscar«, erklärte der Vater voller Vorfreude und schickte seine Familie ins Kino, damit er seine Filmaufnahmen bearbeiten konnte.
Die Aufgabe nahm ihn bald ganz in Anspruch. Er misch-

te Gruppenszenen mit Nahaufnahmen, um die Feier seines fünfjährigen Sohnes abwechslungsreich zu dokumentieren. Am Ende unterlegte er den Ton noch mit einem Musikstück.
Besonders gefiel ihm die Szene, bei der seine Frau den Kuchen ins abgedunkelte Zimmer brachte. Das hatte sie zweimal wiederholen müssen, was sich trotz ihres Protestes gelohnt hatte.
Als das Video endlich fertig und für die Großeltern auch noch kopiert worden war, sah der Vater es sich noch einmal ganz an und machte dabei eine wichtige Entdeckung:
Er war so sehr in seine Rolle als Kameramann versunken gewesen, daß er das Geburtstagsfest seines Sohnes verpaßt hatte. Er war so sehr mit dem Schneiden seines Videos beschäftigt gewesen, daß er es versäumt hatte, mit seiner Familie ins Kino zu gehen.
Und er fragte sich: Was verpasse ich eigentlich noch?

Ein grausamer Herrscher

lebte ein zügelloses, selbstsüchtiges Leben. Er mißbrauchte seine Familie und sein Reich. Wegen seiner Gier, Vergnügungssucht und Brutalität wurde er weithin gehaßt.
Als er alt und krank geworden war, schickte er nach einem Zen-Meister, der ihm von der Wiedergeburt erzählte.

»Kann ich denn als Tier wiederkommen?« fragte der Herrscher voller Angst. »Vielleicht sogar als Schwein?«
»Schon möglich«, erwiderte der Meister.
Als der Herrscher das hörte, verfügte er, daß in seinem Reich in Zukunft keine Schweine mehr getötet werden durften.
Sein Reich wurde nach seinem Tod für sein köstliches Schweinefleisch bekannt. Es herrschte der Brauch, jedes zur Schlachtung geführte Schwein nach dem verhaßten Herrscher zu benennen.
»Bist du da drin?« fragte man das arme Tier, bevor man es schließlich ins Jenseits beförderte.

Nach buddhistischer Überlieferung
kann eine Reinkarnation in
tierischer statt menschlicher Form erfolgen.
Wird dadurch klar, warum Buddhisten so gut zu Tieren sind?
Als welches Tier
würde man gern wiedergeboren werden?

Im Pflegeheim

steckte die Verwaltung zwei Künstler in dasselbe Zimmer, weil man annahm, die beiden würden viele Gemeinsamkeiten entdecken. Das traf auch zu, doch hatte der eine Künstler, der schließlich Lehrer am Gymnasium geworden war, Probleme, eine Beziehung zu seinem Zimmergenossen aufzubauen, der landesweit bekannt war und zahlreiche Werke in Museen hängen hatte.

Mit der Zeit wurden sie jedoch gute Freunde. Sie waren wie zwei Überlebende auf einer einsamen Insel, die denselben Feind haben (Krankheit) und voneinander abhängig sind, indem sie sich helfen.

Die Familie des Gymnasiallehrers rief oft an und kam auch oft zu Besuch. Seine Wand war bedeckt mit Fotos, Postkarten und den Bildern seiner Enkel. Der berühmte Maler hingegen bekam nur wenig Besuch und auch kaum Briefe, die nicht geschäftlicher Natur waren.

Insgeheim nannten die Schwestern den Lehrer »Herrn Sonnenschein« und seinen Freund »Herrn Trübsinn«.

Eines Nachts lagen die beiden im Dunkeln, rauchten heimlich eine Zigarette und sprachen über ihr Leben.

»Ich habe immer davon geträumt, ein Meisterwerk zu malen«, sagte der Lehrer. »In meiner Vorstellung konnte ich es sehen und fühlen. Aber ich habe es nie geschafft, es mit meinen Händen und Farben in die Tat umzusetzen. Mein ganzes Leben bin ich diesem Meisterwerk vergeblich hinterhergelaufen. Ich bin gescheitert.«

»Du verdammter Narr«, sagte sein Freund. »Erkennst du denn nicht, daß jeder Mensch nur ein einziges Meisterwerk schafft, und das ist sein Leben, was er damit anfängt und was er mit sich selbst geschehen läßt? Kommen meine Bilder jetzt hier zu Besuch? Bringen sie mir Kekse? In diesem Augenblick sind diese Bilder allein in dunklen Museen – genau wie ich.«

Den Vorsteher der Verwaltung

aller Zen-Klöster auf der Insel Honshu erreichten unerfreuliche Berichte über ernsthafte Verstöße in einem besonders schönen Tempel. Das Gebäude in der Hafenstadt Yokosuka war ursprünglich ein Schloß gewesen, das für religiöse Zwecke gestiftet worden war. Verständlicherweise hatten die Mönche es schwer, in einer derart feudalen Umgebung an ihr Armutsgelübde zu denken.
Um das Problem zu bereinigen, ließ der Verwalter einen seiner ehrwürdigsten Mönche rufen, der im Alter allein in einer Höhle lebte.
»Ich möchte, daß du die Vorwürfe untersuchst, man hätte sich dort verlustiert, religiöse Praktiken verkauft und andere Verstöße begangen«, sagte der Verwalter.
»Was ist meine Aufgabe?« wollte der alte Mönch wissen.
»Bring die Sache in Ordnung«, antwortete sein Vorgesetzter.
»Welche Befugnisse habe ich?«
»So viele, wie du brauchst. Keine Einschränkungen.«
»Und wieviel Zeit?«
»Soviel du brauchst«, schloß der Verwalter.

Schon nach zwei Wochen war der alte Mönch zurück.
»Hast du die Sache schon in Ordnung gebracht?« fragte sein Vorgesetzter.
»Durchaus.«

»Und wie?«
»Ich hab mir eine Fackel genommen und alles in Brand gesteckt«, erwiderte der alte Mönch.

Zen-Übende glauben auch an direktes, entschiedenes Handeln.

Ein talentierter Grafiker

erkannte, daß er mehr Zeit für sich brauchte. Allerdings erforderte sein bisheriger Lebensstil, daß er sechzig Stunden in der Woche arbeitete.
Er kündigte, um auf Teilzeitbasis weiterzuarbeiten, und besann sich auf einen einfacheren Lebensstil.
Er besorgte sich ein billigeres Auto, und schon konnte er mittwochs um ein Uhr nach Hause gehen. Er verkaufte sein Haus, um jeden Monat zwei verlängerte Wochenenden nehmen zu können. Um mehr Freizeit zu haben, organisierte er auch seine Aufträge besser und arbeitete mit einer Begeisterung, die sich auf seine Zeichnungen übertrug.
Dann wandte er dasselbe Prinzip auf sein Leben an.
Er reduzierte sein Bedürfnis, immer recht zu haben, worauf man ihn allgemein mehr mochte. Er gab es auf, schönen Frauen hinterherzujagen, und gewann ein paar echte Freunde.
Eines Morgens nahm eine junge Dame ihn zu einem Vortrag über Zen mit, wo er von dem buddhistischen

Konzept hörte, der Weg zur Gelassenheit bestehe darin, Begierden aufzugeben und materielle Bedürfnisse zu reduzieren.

Darauf meinte er: »Genau das hätte auch ich sagen können.«

Ein elfjähriger Waisenknabe

wurde in ein Kloster geschickt, weil er keine Angehörigen mehr hatte außer einem entfernten Stiefonkel. »Es ist besser, ein Mönch zu sein, als zu verhungern«, argumentierte der Onkel, der den Jungen nie gesehen hatte. Im Kloster nahm der Junge zwar zu, doch die strenge Disziplin machte ihn unglücklich – so unglücklich, daß er davonlief. Als die Polizei ihn zurückbrachte, drohte der Abt, ihn hinauszuwerfen.

»Willst du vielleicht alleine in die Welt hinaus, um dort zu erfrieren?« fragte er.

»Vielen Dank«, sagte der Junge, »aber ich möchte lieber frierend auf der Straße leben, als es hier warm haben, dafür aber mißhandelt zu werden.«

»Aber hier wirst du lernen, die Sutras zu rezitieren«, meinte der Abt.

»Sprich mir zuerst vom Mitgefühl«, entgegnete der Junge und öffnete sein Gewand.

Der Abt wollte eine bissige Antwort geben, doch als er die vom *Kyosaku* – einem flachen Stock – hinterlassenen Striemen auf dem Rücken des Jungen sah und die

Tränen in seinen Augen, blieb ihm der Satz in der Kehle stecken.

»Gib uns noch eine Chance«, bat der Vorsteher des Klosters den Jungen und befahl, den *Kyosaku* sofort zu verbrennen.

Der Junge blieb siebzehn Jahre lang, bis er sich bereit fühlte, als *Roshi,* Meister, in die Welt hinauszugehen.

Sein Name war jetzt Kazi, und er war bekannt dafür, bei Streitigkeiten vermitteln zu können, ganz gleich, wie erbittert die Gegnerschaft war. Wenn die Kontrahenten ihre Argumente vorbrachten, unterbrach er sie oft mit seinem berühmten Einwand:

»Schon gut, aber sprecht mir zuerst vom Mitgefühl.«

Bei einem Streit

über ein fruchtbares Tal einigten sich zwei benachbarte Fürsten, keinen Krieg anzuzetteln, sondern die Entscheidung durch einen Zweikampf herbeizuführen. Jeder benannte dafür seinen besten Schwertkämpfer. Der Herr des Siegers sollte das Land bekommen.

Der von Fürst Kosumo ausgewählte Samurai hatte Angst, der Aufgabe nicht gewachsen zu sein. Wovor er sich fürchtete, war nicht der Tod, sondern daß er seinem Herrn und seiner Familie Schande machen könnte.

»Gib mir einen Rat«, bat er seinen alten Lehrer.

»Ich habe dir alles beigebracht, was ich weiß«, erklärte der Lehrer.

»Was soll ich dann in den Kampf mitnehmen?«
»Den Zen-Geist des Frosches«, erwiderte der Lehrer.
»Das verstehe ich nicht«, sagte der Samurai.
»Schau gut zu«, forderte der alte Mann ihn auf und führte den Krieger in den Garten, wo ein Frosch reglos wie eine Statue am Teich hockte. Nach kurzer Zeit flog eine grüne Fliege vorbei, und der Frosch schnellte nach vorn, um sich ein schmackhaftes Mahl zu sichern.
»Sei morgen im Kampf wie der Frosch. Denk nichts, sei einfach da. Befreie deinen Geist von Angst. Beobachte mit der unbeirrten Konzentration des Frosches. Und wenn der günstige Augenblick auftaucht – sei dein Schwert.«
Von da an bis zum Ende seines ruhmreichen Lebens trug der Krieger den Frosch als Emblem auf Schwert und Rüstung und sogar in seinem Familienwappen.

Die Kunst der unbeirrten Konzentration,
die Forderung nach
persönlicher Disziplin und die Furchtlosigkeit
im Angesicht des Todes
erklären das große Interesse, das Zen
bei der einflußreichen Kaste der Samurai weckte.
Auch wenn diese Geschichte kein allzu inspirierendes
Beispiel sein mag, zeigt sie doch,
daß die Lehren des Zen sich im Alltag
als überaus nützlich erweisen können.

führte drei seiner Schüler in ein Bordell, bezahlte die Wirtin und verkündete den verblüfften jungen Männern: »Wir sehen uns morgen nach der dritten Glocke im *Zendo,* in der Meditationshalle.«

Nachdem sich die Mönche am Morgen versammelt hatten, stellte der Meister den dreien nacheinander dieselbe Frage: »Was habt ihr aus dieser Erfahrung gelernt?«

»Im Gegensatz zu gewissen anderen Leuten habe ich gelernt, daß ich mich über die Begierden des Fleisches erheben kann. Ich habe die Frau auf dem Boden schlafen lassen«, sagte der erste.

»Ich habe mich bewußt zum Geschlechtsverkehr entschlossen, aber nur aus einem einzigen Grund«, sagte der zweite. »Ich wollte beweisen, daß ich diese Frau nicht als ein von mir getrenntes Objekt behandeln muß, sondern sie als Teil meiner selbst sehen kann. Das habe ich mit ganzer Aufrichtigkeit immer wieder versucht, war aber nicht fähig, diesen erhabenen Geisteszustand zu erreichen.«

Der dritte junge Mönch begann: »Mein Ziel war, eine Frau wirklich kennenzulernen, indem ich eins mit ihr wurde und nichts vor ihr verbarg – auch nicht mein Herz. Wir redeten und liebten uns und redeten und liebten uns, bis wir zu beidem nicht mehr fähig waren. Dann schliefen wir ineinander verschlungen ein. Ich habe entdeckt, wie einsam ich gewesen bin, und muß nun mein Gelöbnis überdenken, ein zölibatäres Leben zu führen.«

»Was hätten wir denn lernen sollen?« fragten alle anwesenden Mönche im Chor.
»Gar nichts«, erklärte der Meister achselzuckend, »als das, was ihr euch selbst beibringt. Nehmt keinen Lehrer an als die Erfahrung.«

Die Magd Kikku

diente ihrem Herrn mit großer Liebe. Eines Tages zerbrach sie einen von zehn Porzellantellern, die ihr Herr sehr schätzte. Dieser strafte sie dann auch so streng, daß die untröstliche Magd in den Brunnen sprang und ertrank.
Kurz nach Kikkus Bestattung erwachte das Haus eines Nachts, weil jemand zählte: »Eins ... zwei ... drei ...« und so weiter bis neun. Die gespenstischen Töne drangen aus dem Brunnen, in dem Kikku zu Tode gekommen war. Dann herrschte Stille, doch sobald die Bewohner des Hauses sich wieder niedergelegt hatten, begann das schaurige Zählen erneut.
Man rief einen Mönch, der erklärte, der Geist Kikkus verfolge den Herrn des Hauses, um ihn daran zu erinnern, daß er trotz des Verlustes eines wertvollen Tellers noch neun weitere besaß.
»Was muß ich tun, um diesen höllischen Spuk zu beenden?« tobte der Herr. »Keiner kann mehr schlafen, und die Diener laufen mir davon.«
»Zerbrich die restlichen neun Teller und wirf sie in den Brunnen«, antwortete der Mönch.

»Alle neun?« fragte der Herr. »Kann ich nicht wenigstens einen behalten?«
»Nein«, erwiderte der Mönch, »du hattest zehn, und jetzt wirst du gar keinen mehr haben, wenn du schlafen willst.«
Widerwillig befolgte der Herr, was der Mönch ihm geraten hatte, und der Spuk hörte tatsächlich auf.
Der Herr schaffte es jedoch nie mehr, das wertvolle Service zu ersetzen, und die entflohenen Diener kehrten auch nicht zurück.

Wie oft geschieht es tagtäglich,
daß wir bei Verlusten überreagieren
und unseren Gewinn geringschätzen?
Brauchen wir ein Gespenst wie Kikku,
um uns daran zu erinnern,
wieviel wir besitzen und
wie wenig wir verloren haben?

»Tätowiert ins Innere eurer Lider

diesen Spruch: Ihr seid Botschafter, nicht die Botschaft. Ihr seid genau wie alle anderen.«
So lautet der Rat, den eine charismatische Zen-Meisterin einer Gruppe künftiger Zen-Lehrer gab.
»Was meinst du damit?« wurde sie gefragt.
»Ich werde euch zuerst die Geschichte von einer belagerten Stadt erzählen. Sie war umzingelt von Feinden, die

vorhatten, alle Einwohner abzuschlachten. Als die Lage schon hoffnungslos schien, schlich sich ein Botschafter durch die feindlichen Linien mit der Nachricht, die Armee des Shogun werde am Morgen angreifen und die Belagerer vertreiben.

Die Städter waren so begeistert von dieser Nachricht, daß sie den Botschafter wie einen Helden behandelten. Als die Armee des Shogun wieder abgezogen war, wählten sie ihn zum Bürgermeister.

Nun war der Botschafter zwar ein angenehmer Zeitgenosse, hatte aber keinerlei Führungsqualitäten und wurde bald mit Schande davongejagt.

Hier geht es darum, daß man die Botschaft – also das wertvolle Geschenk Buddhas – nie mit dem Botschafter verwechseln soll. Ihr seid nur Botschafter. Wenn ihr euer Publikum mit der Weisheit eines Vortrags verblüfft, wenn eure Schüler euch das Formen ihres Gehirns überlassen und wenn ihr als jemand Besonderes behandelt werdet, konzentriert euch auf die Botschaft auf euren Lidern:

»›Ihr seid der Botschafter, nicht die Botschaft.
Ihr seid genau wie alle anderen.‹«

»Die Sache mit dem Karma

glaube ich einfach nicht«, sagte der junge Universitätsstudent. »Sie widerspricht meiner Vorstellung. Wie können wir in diesem Leben durch die Fehler früherer Leben beeinflußt werden? Ich glaube ja noch nicht einmal an die Reinkarnation.«

»Fange folgendermaßen an«, sagte der Zen-Lehrer. »Überlege dir, daß du jeden Morgen als neuer Mensch aufwachst. Du gehst zu Bett, du schläfst, wachst wieder auf und beginnst den Rest deines Lebens ganz von vorn. Du hast die unbegrenzte Wahl, was du an diesem Tag tun und wer du sein willst. Allerdings tragen die täglichen Erfahrungen und Einflüsse deines Lebens dazu bei, was du tun und wer du sein wirst. Dasselbe gilt für das Karma.«

»Und ...?«

»Und denk vielleicht nur daran: Arbeite ein wenig mehr daran, jeden Tag mehr Mitgefühl zu zeigen.«

»Und ...?«

»Und vielleicht wirst du dann nicht als ein armer Zen-Lehrer wiedergeboren, der versucht, einem intelligenten jungen Mann mit Scheuklappen zu helfen.«

Wegen einer Mandelentzündung

mußte der Junge im Haus bleiben. Um sich zu amüsieren, fing er Fliegen in einem Marmeladenglas und funktionierte dieses zu einer Art »Gaskammer« um. Er nahm ein Streichholz, entzündete es, warf es ins Glas und schraubte den Deckel zu.

Eine nach der anderen fielen die umhersummenden Fliegen zu Boden, als die Schwefeldämpfe sie überwältigten.

»Das ist gemein«, sagte die Schwester des Jungen.
»Es tut nicht weh«, erwiderte er. »Ich schläfere sie bloß ein.«
»Es ist trotzdem gemein.«
Noch im selben Monat war es soweit, daß die Mandelentzündung eine Operation erforderlich machte. Als der Anästhesist die Maske aufs Gesicht des Jungen drückte, um ihm das Gas zu verabreichen, dachte der Junge an die Fliegen.
»Es tut nicht weh«, sagte der Anästhesist.

Der Begriff des Karma lehrt uns:
Was wir in diesem Leben lernen,
brauchen wir nicht im nächsten
zu lernen.

Durch eine Reihe von Katastrophen

verlor ein reicher alter Kaufmann nacheinander seine schöne (aber problematische) Frau, sein Haus (durch Feuer), sein Vermögen (durch Diebstahl) und schließlich seine Freiheit (weil er den Fürsten beleidigt hatte).
Ein Gefängniswärter, dessen Mutter für den Kaufmann gearbeitet hatte, bemerkte plötzlich eine merkwürdige Veränderung an dem Mann, der für seine Sparsamkeit bekannt war und für seine Angst, betrogen zu werden. Im Gefängnis schien er ganz glücklich.

»Bist du noch bei Trost?« fragte der Wärter. »Warum bist du jeden Tag so fröhlich?«
»Ich habe absolut nichts mehr zu verlieren«, lachte der Kaufmann.

Der Zen-Buddhismus lehrt,
daß eine der Hauptursachen für das Leiden das
Nicht-Loslassen-Können ist.

Zwei Erzfeinde,

die jeweils jüngsten Söhne sich bekriegender Samurai-Familien, trafen im Flußtal aufeinander, während ihre Verwandten sich auf der Hochebene gegenseitig mordeten.
Der angestammte Haß zwischen den beiden Männern saß so tief, daß sie beide nur den einen Gedanken hatten, als sie sich erblickten:
»Wenn ich sterben muß, so laß mich vorher meinen Erzfeind tödlich verwunden.«
Ein angeschwollener Bergfluß zwischen ihnen war das einzige Hindernis für diese letzte Begegnung. Also brüllten sie sich wüste Beleidigungen zu, während sie flußabwärts gingen, um eine Sandbank zu finden, auf der sie den Strom überqueren und sich umbringen konnten.
Plötzlich sahen sie ein vollgelaufenes Boot mit einer Mutter und zwei kleinen Jungen flußabwärts treiben.
»Hier«, rief der eine, »fang das Seil und halt es fest.«

Gemeinsam dirigierten sie das Boot zu einer Sandbank, wo sie feststellten, daß die auf dem Boden des Bootes liegende Mutter bereits ertrunken war. Die Kinder waren vor Unterkühlung schon halb tot.

Jeder der beiden Samurai packte eines der Kinder und nahm es in den Arm, um es zu wärmen. Sie sangen, um die weinenden Kinder zu beruhigen. Und als die Gefahr für die Kleinen vorüber war, machten sie aus Treibholz ein Feuer und begruben die Mutter, während die Kinder schliefen.

Zu erschöpft, um noch zu kämpfen, kauerten sie am Feuer nieder.

»Du singst wie ein Dämon«, sagte der eine.

»Du läufst wie eine Geisha«, sagte der andere.

»Gut, daß du ein Seil dabeihattest«, meinte der erste.

»Und gut, daß du die Sandbank entdeckt hast«, meinte der zweite. »Aber was werden unsere Familien sagen, wenn wir ihnen erzählen, daß wir uns getroffen haben, ohne uns umzubringen?«

»Die sollen zur Hölle fahren«, sagte der erste.

»Genau!« stimmte der zweite zu.

Der Buddhismus lehrt, daß es keinen Frieden zwischen
Völkern geben kann, bevor nicht Frieden
zwischen den einzelnen Menschen herrscht.
Es ist zu hoffen, daß diese tapferen,
aber von Mitgefühl erfüllten
Krieger in ihrem Zorn eine Wahrheit entdeckten,
die einen Samen des Friedens zwischen ihren Familien
zum Keimen brachte.

Ein Computergenie

spielte Schach mit einem Roboter, den er gebaut hatte, damit er ihm bei seinen nächtlichen Spielen als Gegner diente.
»Ich gewinne wieder«, sagte der Erfinder.
»Das ist unfair«, meinte der Roboter.
»Was ist unfair?«
»Daß immer du gewinnst!«
»Natürlich gewinne ich immer. Dafür hab ich dich ja geschaffen.«
»Ist es nicht ein wenig anmaßend, Gott zu spielen?«
»Hör mal, mein mechanischer Freund, ich mache mit dir nur, was das Leben mit mir getan hat.«
»Unfair ist es trotzdem.«
»Ganz meine Meinung. Aber jetzt laß uns weiterspielen.«

Ein niederer Beamter

verbrachte den größten Teil seines Lebens im Dienst des Kaisers als Teil des Hofpersonals. Als er älter wurde, begann er die kleinlichen Streitereien und das Gerangel um Posten zu hassen.
Nach seiner Pensionierung ließ er sich von seiner eingebildeten Frau scheiden und zog in ein Zen-Kloster, das so weit von der Hauptstadt entfernt lag wie nur möglich.
»Hier, jenseits der Kleinlichkeit der menschlichen Natur,

werde ich Ruhe finden, wenn nicht sogar Erleuchtung«, schwor er sich.

Im Kloster stellte er fest, daß er auf der Stufenleiter rasch nach oben stieg. Die alten Fertigkeiten des Lebens am Hof waren zu einem Teil seines Wesens geworden.

Elf Monate später zog er aus dem Kloster in eine karge Höhle. Als man ihn nach den Gründen fragte, erwiderte er:

»Es sind überall dieselben alten Muster, ganz gleich, wo man hinkommt!«

»Bei der echten Zen-Diät

geht es nicht ums Essen, sondern um den Geist«, erklärte die Leiterin der Diätgruppe. »Eine Freundin, die *Zazen* praktiziert, hat mir diese erstaunliche Technik beigebracht. Sie vereint zwei buddhistische Prinzipien: im jeweiligen Augenblick im Hier und Jetzt zu sein und Achtung vor den Gaben der Natur zu haben, also auch vor dem Essen. Sie funktioniert so:

Erstens: Sei im Augenblick gegenwärtig. Schalte den Fernseher aus. Laß dich weniger ablenken. Sei achtsam, wenn du ißt. Schweift dein Geist ab, dann kehre zum Tisch und in den Augenblick zurück. Iß achtsam, kaue gründlich. Erkenne den einzigartigen Geschmack einer jeden Speise.

Zweitens: Sei dankbar für das, was du ißt, ganz gleich, wie klein die Portion oder wie uninteressant der

Geschmack auch sein mag. Bereite dein Essen mit besonderer Sorgfalt zu. Arrangiere es ansprechend auf dem Teller, und sorge für eine angenehme Atmosphäre. Konzentriere dich auf die guten Aspekte der Speise und die Zeit, in der du ißt.«

Die Teilnehmer, die sich konsequent
an diese Zen-Diät hielten,
nahmen stärker ab, blieben länger bei der Gruppe
und berichteten,
daß sie ihr Essen tatsächlich mehr genießen konnten.

»Warum muß ich meditieren,

um zur Erleuchtung zu gelangen?« wollte der Prinz von seinem Lehrer wissen. »Ich kann studieren. Ich kann beten. Ich kann klar über Probleme nachdenken. Was soll dieses alberne Leeren des Geistes?«
»Ich werde es dir zeigen«, sagte der Lehrer und ging mit ihm in den Garten, in der Hand einen Eimer voll Wasser. Der Vollmond schien.
»Wenn ich jetzt die Oberfläche erschüttere, was siehst du dann?«
»Streifen aus Licht«, lautete die Antwort des Prinzen.
»Jetzt warte eine Weile«, bat ihn der Lehrer und stellte den Eimer ab.
Minutenlang sahen die beiden zu, wie sich die Oberfläche des Wassers im Bambuseimer beruhigte.

»Was siehst du jetzt?« fragte der Lehrer.
»Den Mond«, erwiderte der Prinz.
»So, junger Herr, verhält es sich auch mit der Erleuchtung. Nur mit einem ruhigen, klaren Geist wird sie erfahrbar.«

Der Fischer Shiro

liebte es, alleine auf dem Meer zu sein, dort, wo kein Land mehr zu sehen war.
Hatte er seinen Fang im Netz, so fuhr er nach Westen ins Japanische Meer hinaus. Dort stellte er sich vor, es gebe weder Land noch Menschen und er sei ganz für sich. Mit halbgeschlossenen Augen saß er auf der Luke und meditierte, bis die Sonne untergegangen war.
Dann studierte er die Position der Sterne und machte sich auf den Heimweg.
Shiros Frau hängte immer eine Laterne auf einen hohen Pfahl am Ende seines Stegs.
Er hielt Ausschau nach diesem Licht, das er seinen »Heimatstern« nannte, während er durch die Dunkelheit zum Hafen segelte.
»Warum kommst du immer als letzter heim?« schalt ihn seine Frau, die sich oft Sorgen machte.
»Die großen Fische sind immer am weitesten draußen«, log Shiro, denn er konnte nicht darüber sprechen, welch eine unbeschreibliche Freude er empfand, wenn er frei im Kosmos schwebte und doch im Mittelpunkt seines

Selbst war, während sich unter ihm die Weite des Ozeans senkte und hob und sich über ihm das Universum des Himmels spannte.

»Manchmal, mein lieber Mann, habe ich wirklich den Eindruck, du willst nicht nach Hause kommen«, sagte seine Frau.

»Unsinn«, entgegnete Shiro, der doch immer wußte, wo sein wahres Zuhause war.

Wer als Zen-Übender Stunde um Stunde und Tag für Tag meditiert, der wird verstehen, was Shiro sucht.

Es war eine Zeit

des Blutvergießens, in der zwei Fürsten geschworen hatten, sich bis zum bitteren Ende zu bekriegen, als ein junger, sehr kräftiger Mönch zum Dienst in der Armee gezwungen wurde.

»Meister, was ist meine Pflicht?« fragte der junge Mann angstvoll, denn er war von Natur aus sehr sanft.

»Deine Pflicht ist deine Pflicht«, erwiderte der Meister.

In der Schlacht wurde der Mönch als »der wilde Bluthund« bekannt. Sosehr seine Feinde ihn fürchteten, so sehr bewunderten ihn seine Kameraden. Nach dem siegreichen Ende des Krieges kehrte der Mönch-Soldat ins Kloster zurück, strahlend in seiner glitzernden Rüstung und seinem vergoldeten Samurai-Schwert.

»Ich bin heimgekommen«, erklärte er, »aber ich tauge

nicht mehr dazu, hier unter den sanften Brüdern zu leben.«

»Tritt ein«, sagte der Meister. »Deine Pflicht war deine Pflicht. Aber jetzt heißt deine Pflicht: Zen. Nun komm. Aber leg diese alberne Rüstung ab, und wasch dir deine Füße.«

Es ist interessant, darüber nachzudenken,
wie viele verschiedene
Leben wir in einem Dasein führen
und wie ein früheres »Leben« alle
danach beeinflußt.
Das erinnert an die karmische Vorstellung,
daß aus einem früheren Leben stammende Handlungen
in diesem
Leben eine Wirkung zeigen.

»Großvater ist nach Hause gekommen,

um zu sterben.« So erklärte die Mutter ihrem Sohn – dem Enkel – die Lage.

»Aber alle haben doch gesagt ...«, wandte der Junge ein.

»Ja, schon. Wir dachten, es würde anders kommen, aber man kann nichts mehr machen. Ich weiß, daß du Großvater zuliebe tapfer sein wirst.«

»Haben sie's dir gesagt, mein Kleiner?« fragte der Großvater, als er und der Junge alleine waren.

»Ja.«

»Man muß keine Angst davor haben. Es gehört zum Leben, und so geschieht es eben.«
»Hast du denn keine Angst?«
»Doch, aber es ist wie bei der Achterbahn im Vergnügungspark. Irgendwie weiß man, daß es in Ordnung ist.«
»Tut es weh?«
»Tot zu sein tut nicht weh. Dahin zu kommen kann weh tun. Aber ich habe meine Pillen.«

In der verbleibenden Zeit übte der Großvater mit seinem Enkel das Einmaleins und lernte, wie man Videospiele spielt, wie man die Medikation richtig einstellt und wie man seine Schmerzen verbirgt.
Obwohl er immer schwächer wurde, behielt der Großvater eine positive Einstellung bei, besonders, wenn er mit seinem Enkel zusammen war. Die beiden blieben auch dann Freunde, als die gemeinsam verbrachte Zeit immer kürzer wurde.
Kurz vor dem Ende fragte der Junge: »Warum mußt du eigentlich sterben?«
»Du weißt doch, wie es ist, wenn du so schläfrig wirst, daß du die Augen nicht mehr offenhalten kannst. Dann ist es ganz egal, wie toll es gerade ist, du mußt doch schlafen gehen. Stimmt's?«
»Ja.«
»Tja, so ähnlich ist es mit dem Sterben auch. Ich kann meine Augen einfach nicht mehr offenhalten. Du brauchst deinen Schlaf, und ich brauche meinen.«

»Es ist ein Junge!«

verkündete das handgeschriebene Plakat an der Wand des Aufnahmestudios, als der junge Vater endlich mit rotgeränderten Augen zur Arbeit kam.
»Na, was ist das für ein Gefühl, einen Sohn zu haben?« wollte einer seiner Freunde wissen.
Der junge Mann versuchte, etwas zu sagen, ging statt dessen aber zu einem Klavier und spielte.
Als er fertig war, wiederholte der Freund seine Frage noch einmal: »Schön, aber was ist das für ein Gefühl, einen Sohn zu haben?«
Da spielte der junge Mann dasselbe Stück noch einmal, vom Anfang bis zum Ende.
»So beglückend?« fragte der Freund.
Der Vater nickte, weil er kein Wort hervorbrachte. Auch der Freund konnte nichts mehr sagen.

Eine der einzigartigen Lehren des Zen
ist der Hinweis auf die
Unzulänglichkeit von Worten und auf den Wert
konkreter Erfahrung.

Strahlend erzählte eine Frau

der Zen-Lehrerin von all den wunderbaren Veränderungen, die sie sich erhoffte. Sie wünschte sich einen phantastischen jungen Mann, der sie liebte, einen schlanken Körper, eine erfüllende Lebensaufgabe und ...

»Hoffnung kann trügerisch sein«, unterbrach die Lehrerin.

»Aber ohne Hoffnung könnte ich nicht leben«, sagte die junge Frau, die nun zum erstenmal nicht mehr strahlte.

»Ja, wir alle brauchen Hoffnung. Ohne Hoffnung können wir nicht über die Traurigkeit des Augenblicks hinausblicken.«

»Aber ist Hoffnung denn nichts Gutes?«

»Ja und nein. Wenn die Hoffnung uns ein Ziel vor Augen führt, ist sie wertvoll. Verführt sie uns aber dazu, zu träumen anstatt zu handeln, wirkt sie wie ein Betäubungsmittel. Träume vom Morgen berauben das Heute seiner Vitalität.«

»Sagen Sie mir ein Beispiel«, verlangte die junge Frau.

»Arbeiten Sie an Ihrer jetzigen Beziehung, anstatt über Ihren Traummann zu phantasieren; und machen Sie kleine Schritte hin zum Abnehmen, anstatt davon zu träumen, schlank zu sein.«

»Wie zum Beispiel?« fragte die Frau.

»Wie zum Beispiel, den Keks da wieder hinzulegen«, antwortete die Lehrerin.

»Oh«, sagte die junge Frau.

Wie oft wird das Abenteuer des Lebens damit verträumt abzuwarten, »bis ich verheiratet bin«, »bis ich mein Diplom bekomme« oder »bis wir mehr Geld haben«? Zen beurteilt Träume nüchtern und warnt davor, sie an die Stelle des Handelns zu setzen.

Vier junge Mönche

legten ein feierliches Gelöbnis ab, drei Tage zu meditieren, ohne zu sprechen. Zwei Tage lang saßen sie tatsächlich schweigend da, bis einer von ihnen brüllte: »Ich habe einen furchtbaren Krampf in der Wade.«
»Spring auf und stell dich hin«, riet ihm einer seiner Gefährten.
»Nein, du mußt das Bein massieren«, sagte ein anderer. »Ihr drei habt doch geschworen, nicht zu reden«, meinte der vierte.
»Wer bist du denn, daß du dich als Richter aufspielst?« fragte der Mönch mit dem Krampf.
»Wer ist irgendeiner von uns, daß er sich als Richter aufspielen könnte?« sagte der Meister.

»In diesem Kloster

töten wir nicht einmal Moskitos«, erklärte der für die Novizen zuständige Mönch.
»Auch nicht, wenn wir meditieren?« fragte Kozo.
»Gerade dann nicht«, sagte der Ältere. »Welch eine wunderbare Prüfung für die Konzentrationsfähigkeit ist es doch, sich nicht bewegen zu dürfen, und welch eine Prüfung für das Mitgefühl, ein Lebewesen nicht zu töten, das einem das Blut heraussaugen will.«
Nun stand das Kloster in einem Sumpfgebiet, das eine

Brutstätte von Moskitos war. So geschah es oft, daß das Surren der geflügelten Insekten die Entschlossenheit der neuen Mönche hart auf die Probe stellte.

Kozo litt schlimmer als die anderen. Seine helle Haut schien besonders schmackhaft zu sein. Wenn eine Mükke auf seiner Stirn landete, blies er sie heimlich mit vorgeschobener Unterlippe fort. Landete eine auf seiner Wange, versuchte er, sie mit Zuckungen zu entfernen. Die entscheidende Prüfung nahte jedoch, als ein besonders dreister Moskito unablässig am Rand seines linken Nasenlochs entlanglief.

Kozo blies. Er zuckte. Doch alles nutzte nichts. Kozo merkte, daß der Moskito sich darauf vorbereitete, die weiche Haut seiner Nase zu durchbohren. Dann bleibt ein roter, juckender Fleck, der mich wochenlang bei der Meditation stören wird, dachte Kozo. Ich könnte das Biest jetzt umbringen, während der Meister nicht hersieht ... Aber es ist ein lebendes Wesen ... Töten ist töten ... Ich habe ein Gelübde abgelegt ... Was ist ein Mückenstich verglichen mit *Satori,* der Erleuchtung?«

»Bsss.« Der Moskito machte sich zum Stechen bereit.

Zack! Kozo erledigte das lästige Insekt. »Niemand ist vollkommen«, erklärte er sich selbst.

Klatsch! Der Meister traf Kozos Schulter mit dem *Kyosaku.*

Verdammt, dachte Kozo. Ich bin auch ein lebendes Wesen.

Der Zen-Buddhismus fordert uns auf, eine bewußte Wahl zu treffen. Selbst Vegetarier töten Pflanzen, um zu leben, und praktizierende

Buddhisten, die zwar kein Fleisch, aber doch Fisch essen, begeben sich auf schwankenden Boden. Die Zen-Lehre stellt uns tiefgreifende Fragen; welche Antwort wir finden, bleibt uns selbst überlassen.

Im Mutterleib waren die Zwillinge

in ein lebhaftes Gespräch vertieft.
»Werden die Wände kleiner, oder wirst du größer?« fragte der eine Zwilling.
»Keine Ahnung, aber es wird allmählich eng hier«, sagte der andere.
»Irgendwie ist es ganz schön langweilig.«
»Aber gar nicht so schlecht. Schließlich muß man weder atmen noch essen. Man schwebt einfach in diesem warmen Wasser herum.«
»Aber gibt es nichts anderes im Leben?«
»Mach dir darüber keine Gedanken.«
»Ich hab von so was wie Geburt reden hören.«
»Geschwätz. Jetzt nimm dein Bein weg, und sei still, damit ich endlich schlafen kann.«
Früh am nächsten Morgen wurden die Zwillinge von einer fürchterlichen Kontraktion geweckt.
»Ein Erdbeben!« schrie der eine.
»Unser Haus fällt zusammen«, meinte der andere.
»Ich rutsche«, rief der erste.
»Wo willst du hin?«
»Keine Ahnung. Hilf mir.«

»Ich kann nicht.«
»Adieu, Bruder. Ich gleite fort ... fort.«
»Wie furchtbar«, stöhnte der verbliebene Zwilling, als er spürte, daß auch er herauszurutschen begann. »Jetzt ist bestimmt alles zu Ende.«

Sollten hier Parallelen zwischen Geburt und Tod sichtbar werden, so sind diese rein zufälliger Natur.

Ein junger, außerordentlich begabter Maler

kam in die Lehre bei einem bekannten Künstler, der äußerst eifersüchtig wurde, als er das Talent des Jungen erkannte.
»Nein, so macht man's wirklich nicht!« brüllte er ein ums andere Mal. »Du solltest lieber Häuser anstreichen als Bilder malen.«
Allmählich schwand das Selbstvertrauen des Schülers. So sehr er sich auch anstrengte, sein Lehrer fand irgendeinen Fehler und erniedrigte den Jungen vor seinen Gefährten.
Eines Tages waren Goldfische das vorgeschriebene Motiv. Der Junge schloß die Augen und rief sich einen wunderschönen dicken Fisch aus dem Teich seines Onkels ins Gedächtnis. Ihn malte er.
»Nein. Nein. Nein!« schrie der Lehrer und warf das Bild des Jungen ins Wasser, wo der gemalte Fisch zur Verblüffung aller zu schwimmen begann.

half ihrer kopflosen Nichte, aus ihrem Haus in ein Apartment zu ziehen. Die Frage war, was sie mitnehmen und was sie einlagern sollte.
»Was soll ich machen?« wollte die Nichte wissen.
»Vielleicht solltest du die Wohnung im Zen-Stil möblieren«, schlug die Tante vor.
»Wie geht das?«
»Fang mit absolut leeren Räumen an. Stell dann hinein, was unverzichtbar ist, und laß alles andere eingelagert. Hol zusätzliche Sachen nur dann, wenn du sie unbedingt brauchst.«
»Das ist eine gute Idee für meine neue Wohnung.«
Die Tante schwieg einen nachdenklichen Augenblick lang und sagte dann: »Es ist auch eine gute Idee für dein neues Leben – nimm nur hinein, was du wirklich brauchst.«

»Das Meditieren lerne ich nie«,

sagte ein junger Mönch zu einem alten, während sie gemeinsam eine Suppe kochten.
»Das wichtigste an der Meditation ist, was du draußen läßt. Sieh mal!« Der alte Mönch nahm eine reife Zwiebel.
»Zuerst zentrierst du den Körper.« Er balancierte die Zwiebel auf seinem Messer.

»Als nächstes atmest du durch den Bauchnabel ein.« Er schälte die Zwiebel.
»Dann beruhigst du den schwatzhaften Affen des Geistes.« Er nahm die Schichten auseinander.
»Und dann wartest du.« Er warf die Stücke in den Topf.
»Wie lange?« fragte der Novize.
»Ein Leben lang, wenn nötig.«
»Auf was?«
»Auf die Suppe, du dummer Junge«, erwiderte der alte Mönch.

Meditation zeigt viele positive Wirkungen. So seltsam es auch scheinen mag, Zen-Übende bekommen immer den Rat, bei der Meditation nicht nach Erleuchtung zu streben. Wenn sie kommt, dann ist sie da.

»Erzählt mir was über Äpfel«,

sagte der *Roshi*, der Zen-Meister, zu seinen drei vielversprechendsten Schülern und legte einen Apfel auf den Tisch. »Wer sie am besten erklärt, darf mit mir nach Kyoto fahren.«
Der erste Schüler wußte historische Fakten zu berichten: woher der Apfel stammte, wie er nach Japan gekommen war und vieles mehr in dieser Art.
Der zweite wies auf die Verwendung von Äpfeln für Apfelsaft, Obstsalat und Apfelkuchen hin.

Der dritte sagte gar nichts. Statt dessen nahm er sein Taschenmesser, schnitt einen Schnitz aus dem Apfel, schob ihn dem *Roshi* in den Mund.

»Genau«, sagte der *Roshi* an seinem Apfelschnitz vorbei. »Äpfel kann man nicht mit Worten erklären. Man muß sie auf der Zunge schmecken. Die einzige Methode, etwas über Äpfel zu erfahren, ist, sie in den Mund zu nehmen.«

Die Anwesenden teilten des Rest des Apfels, und der dritte Schüler begleitete den Meister nach Kyoto.

Wie in der Geschichte mit den Äpfeln
lernt man den eigenen Ort
im Universum nicht mit Hilfe der Ohren kennen,
sondern nur mit dem Herzen.

Während ihr Schiff

im Sturm stampfte und die Spanten ächzten, scharten sich die angstvollen Pilger im Kreis um ihren Zen-Meister

»Wir werden alle sterben«, lamentierte einer.

»Wenn ich bloß besser zu meiner Frau und meinen Kindern gewesen wäre«, stöhnte ein anderer.

»Nach dieser Pilgerfahrt wollte ich heiraten«, sagte eine junge Frau. »Es ist deine Schuld, Meister; du hast uns auf dieses Schiff geführt, und jetzt gehen wir voll Schmerz über die uns versagte Zukunft zugrunde.«

»Seht her«, sagte der Meister geduldig, nahm zwei hölzerne Dreiecke und hielt sie so, daß ihre Spitzen sich leicht berührten.

»Das obere Dreieck ist die Vergangenheit. Nichts kann sie wiederbringen oder verändern. Das untere Dreieck ist die Zukunft. Es ist sinnlos, sie vorherzusagen. Und diese winzige Stelle, an der die Spitzen sich berühren, ist die Gegenwart, die sich mit jedem Schlag eures Herzens verändert.«

»Und ...?« fragten die Pilger.

»Und deshalb ist es nutzlos, sich über das Vergangene zu grämen oder sich nach dem zu sehnen, was einmal sein könnte. Lebt daher im einzigen Augenblick der Welt, der euch verfügbar ist.«

»Und welcher ist das?«

»Die Gegenwart.«

»Wie machen wir das?«

»Indem wir jetzt etwas essen«, sagte der Meister.

Die jüngste Tochter des Kaisers

reiste von ihrem Schloß in Kyoto zur Hauptstadt Edo, als sie eine kleine alte Frau am Straßenrand liegen sah. Sie ließ ihr Gefolge anhalten und hob die Alte auf, die vor Hunger und Kälte dem Tod schon nahe war. Damit rettete die Prinzessin der Frau das Leben, und als diese wieder kräftig genug war, alleine ihres Weges zu gehen, schenkte sie ihr noch ein paar Münzen und ihren eigenen warmen Schal.

»Nimm dies dafür«, sagte die dankbare Alte und reichte der Prinzessin ein kleines Päckchen.

»Was ist das?« fragte die Prinzessin.

»Ein Zauberspiegel.«

»Und was ist sein Zauber?«

»Er zeigt dir dein wahres Selbst«, erklärte die alte Frau und ging davon.

Die Prinzessin dachte nicht weiter über das Geschenk nach und steckte es weg, bis sie die Hauptstadt erreichte. Als sie dort ihre Truhen auspackte, öffnete sie auch das Päckchen und sah in den Spiegel. Ihr stockte der Atem. Was sie da sah, war ein Pfau mit ausgebreitetem Gefieder. Das Purpur an seinem Schwanz erkannte sie als ihre kaiserliche Farbe. Erschrocken verschloß sie den Zauberspiegel in ihrem Schmuckkasten und versuchte, sich das Gesehene aus dem Sinn zu schlagen. Doch noch als sie zum Hofe schritt, konnte die Prinzessin trotz aller Beifallsrufe das Bild des Pfaus nicht aus ihrem Geiste verbannen.

Die Prinzessin war beklommen über die Vorstellung, sie sei ein eitler Vogel, bis sie schließlich erkannte, daß ihr der Spiegel die Wahrheit gezeigt hatte. Allen Einwänden ihres Vaters zum Trotz verzichtete sie auf ihre Privilegien und trat in ein Zen-Kloster ein. Dort stieg sie kraft ihrer Herkunft und Intelligenz rasch in eine hohe Position auf.

Am Tag, als die Prinzessin feierlich zur Äbtissin ernannt werden sollte, sah sie wieder in den Zauberspiegel und erblickte einen Adler, der höher am Himmel schwebte als alle anderen Vögel. Und wieder war sie bestürzt.

»Habe ich nach diesem hohen Amt gestrebt, um meinem

Vater zu gefallen?« fragte sie sich. »Werde ich sterben, ohne je die Erleuchtung zu erlangen?«

Alles, was sie erreichte, empfand sie als hohl, denn das Bild des am höchsten fliegenden Adlers verfolgte sie. Es zeigte ihr, daß sie sich über alle anderen erhob.

Als ihre Amtszeit endete, zog sie in eine einfache Hütte, um zu meditieren und ihren Lebensunterhalt durch Betteln zu verdienen. Sie wurde alt und demütig, und sie lernte, mitfühlend zu sein. Die Leute verehrten und liebten sie, doch die Erleuchtung hatte sie noch immer nicht erlangt.

Gegen Ende ihres Lebens fegte eines Morgens ein heftiger Sturm über ihre Hütte und verstreute all ihre Habseligkeiten. Als sie zu Boden blickte, fand sie den Zauberspiegel wieder, den sie verloren glaubte. Die einstige Prinzessin blickte geradewegs in den Spiegel und sah: eine purpurne Blume und deren Wurzeln, die Erde, die diese Wurzeln barg, das Wasser, das die Erde durchtränkte, und alle Pflanzen der Erde, die Erde selbst, das Sonnensystem und das Universum. Alles aber war Teil der großen Buddha-Natur.

»Jetzt kann ich mich zur Ruhe legen«, sagte sie.

Ein junger Mann

verließ die Schule und seine Eltern, um in die Welt hinauszugehen und bei einem weisen, jenseits der Berge lebenden Lehrer die Erleuchtung zu suchen. Er packte seine Habseligkeiten zusammen und begab sich auf die lange Reise. Am Fuß der Berge wurde er von einem Sturm überrascht. Als er den Rauch eines Feuers aufsteigen sah, schlug er sich zu einer kleinen Hütte durch, neben der ein frommer Eremit in einem Baum saß.

»Was suchst du?« fragte der Einsiedler.

»Ich will die Buddha-Natur erfahren«, erwiderte der junge Mann.

»Warum willst du dann deine Zeit bei irgendeinem berühmten Lehrer vergeuden, wenn ich dich zu einem echten Buddha bringen kann – einem wahrhaft erleuchteten Menschen«, sagte der Eremit.

»Tatsächlich?«

»Tu folgendes: Verlaß mich am Morgen und geh denselben Weg zurück, den du gekommen bist. Siehst du einen Menschen mit einer Decke über den Schultern, der eine Lampe trägt und die Schuhe verkehrt herum an den Füßen hat, dann weißt du, daß dies dein Buddha ist und daß du deine Weisheit von diesem erleuchteten Wesen empfangen wirst.«

Noch bevor die Sonne aufging, machte der junge Mann sich auf den Heimweg. Wo er zuvor innegehalten hatte, da hielt er wieder inne. Er sah sich alle Leute an, auf die er traf, begutachtete ihre Füße und ihre Kleidung. Kein Buddha.

Zwei Tage und eine Nacht war er unterwegs, bis er sich spät in einer Mondnacht wieder an der Stufe seines Elternhauses fand. Er klopfte an die Tür.

»Laßt mich rein«, rief er. »Ich bin's.«

»Ach, ich bin so froh, daß du nach Hause kommst, mein

Lieber«, ertönte eine Stimme von der anderen Seite der Tür.
Wie überrascht war der Junge, als er sah, in welchem Aufzug seine Mutter ihn begrüßte. Sie trug eine Lampe und hatte eine Decke über ihr Nachtgewand geworfen. In der Eile war sie verkehrt herum in ihre Schlappen geschlüpft.

Wie in einem rückwärts laufenden Film hat dieser
junge Mann seinen »Buddha« gefunden.
Ohne in ein japanisches Kloster zu reisen,
können wir unsere eigenen »Buddhas«
in größerer Nähe finden,
als wir es oft für möglich halten.

Während sie gemeinsam

über den Ozean rauschten, sagte die kleine Welle zur Riesenwelle: »Du wirst dich mit gewaltigem Donnern brechen, und ich schwappe bloß hinter dir her.«
»Das hast du ganz falsch verstanden«, erwiderte die große Welle.
»Hab ich nicht. Ich bin winzig, und niemand wird mich bemerken.«
»Kleine Welle, aus was bestehst du?«
»Aus Wasser.«
»Und aus was bestehe ich?«
»Aus Wasser.«

»Dann ist unser wahres Wesen identisch. Wir sind beide Wasser, und wenn unser Dasein als Welle vorüber ist, werden wir wieder Wasser sein.«
»Und ...«
»Welchen Sinn macht es, Vergleiche zu ziehen, wo wir doch identisch sind?«
»Ja, da hast du wohl recht, Riesenwelle. Und nächstes Mal werde *ich* eine gewaltige Woge sein.«
»Wie auch immer«, meinte die große Welle.

Nach der buddhistischen Lehre sind wir alle gleich, wenn wir zu unserer innersten Natur zurückkehren. Vergleiche sind also ebenso überflüssig wie nutzlos.

»Wie lange währt eine Lebensspanne?«

fragte der Meister.
»Siebzig Jahre«, sagte einer.
»Bis man stirbt«, meinte ein anderer.
»Stimmt beides nicht.«
»Wie lang dauert eine Lebensspanne dann?« fragten die Schüler.
»Einen Atemzug«, erwiderte der Meister.
»Wie ist das möglich?«
»Weil der Mensch nur in jeweils einem Atemzug leben kann. Die Atemzüge von gestern sind Erinnerung, die von morgen reine Spekulation. Das einzige Leben, das

ein Mensch erfahren kann, ereignet sich innerhalb eines Atemzugs.«

»Und was sollen wir daraus lernen?« wollten die Schüler wissen.

»Achtet das Leben, das ihr habt, während ihr es habt. Lebt es. Seid achtsam in jedem Augenblick, solange er währt. Seid jetzt hier anwesend, anstatt ans Mittagessen zu denken. Spürt das Kissen unter euch, riecht das Räucherwerk und seht die Vase mit den Blumen.«

»Und was ist mit unangenehmen Zeiten?« fragte ein Schüler.

»Seid auch in ihnen lebendig. Sucht die guten Momente unter den weniger guten. Selbst wenn ihr Schmerz empfindet, lebt ihn.«

»Das klingt ein wenig nach Hedonismus«, bemerkte einer der älteren Schüler.

»Nein, mein Freund«, erklärte der Meister und tat einen tiefen Atemzug. »Das ist das Leben.«

»Was ist das?«

wollte die junge Frau von der Krankenschwester wissen, die ihr gerade eine Infusion legte.

»Etwas, das Sie gesund macht«, erklärte die Schwester.

»Und was genau?« insistierte die Patientin, bis sie erfuhr, daß es sich bei dem Medikament um ein gängiges Antibiotikum handelte.

»Auf keinen Fall!« lehnte die junge Frau ab. »Darauf

reagiere ich katastrophal. Das steht in meinem Krankenblatt. Hat denn keiner nachgesehen?«
Die Schwester zog sich zurück.
Was habe ich mir eigentlich von anderen Leuten sonst noch verabreichen lassen? fragte sich die Patientin.
Im Fernsehen lief ein Thriller über eine Frau, die verfolgt wurde. Diese Situation fesselte ihre Aufmerksamkeit, machte ihr aber auch angst.
Sie dachte an den Kaffee, der sie allmorgendlich in Schwung bringen sollte, und an den Alkohol, mit dem sie sich entspannte, wenn sie in Gesellschaft war.
Sie dachte an ihre Freundin, die immer um acht Uhr anrief, um ihre Probleme loszuwerden.
Das sind alles Fremdkörper, die ich in mir aufnehme, dachte sie. Es sind Menschen und Dinge, die mich beeinflussen, und zwar nicht immer zu meinem Guten. Und doch lasse ich es zu.
Sie schaltete den Fernseher aus. Um acht Uhr läutete das Telefon. Am anderen Ende würde ihre unglückliche Freundin sein, die jedes Gespräch mit einem kurzen: »Wie geht's?« begann und dann, ohne eine Antwort abzuwarten, die Litanei ihrer eigenen Sorgen herunterbetete.
Sie ließ das Telefon läuten. Sie schaltete das Licht aus. Dann lag sie im Halbdunkel, beobachtete das Tropfen der Infusion und stellte sich vor, es sei das vertraute Klopfen von Regentropfen auf einer Fensterscheibe.
»Alles in Ordnung?« erkundigte sich die Schwester.
»Mir geht's ganz gut gerade«, erwiderte die junge Frau.

Einer der Schritte auf dem Achtfachen Pfad
ist das Gelübde,
weder sich selbst noch andere zu berauschen.
Dabei geht es im Grunde um alle Gifte,
die Geist und Körper schädigen,
und nicht nur um den Alkohol.

»Erzähl uns von der Schlacht«,

drängten die Jungen ihren Lehrer, einen alten Samurai.
»Um das Handwerk des Kriegers zu verstehen, müßt ihr etwas über das Wolfsmesser wissen«, setzte er an.
»Was ist das Wolfsmesser?«
»Im Norden, in meiner Heimat Hokkaido, plagt der Winter Menschen wie Tiere mit gleicher Strenge. Als ich ein Junge war, trieb die Kälte die Wölfe oft aus den Bergen, und dann jagten sie in den Dörfern unser Vieh.
In solchen Wintern entledigten wir uns der Raubtiere so: Wir schlachteten ein Huhn, tauchten die doppelte Schneide eines besonders scharfen Messers in eine Schüssel mit seinem Blut, zogen das Messer wieder heraus und warteten, bis das Blut gefror. Dann wiederholten wir den Vorgang, bis das Blatt von einer dicken Blutschicht bedeckt war. Anschließend suchten wir einen gefällten Baumstamm und schlugen den Griff des Messers in eine Holzspalte.
Es dauerte nicht lange, und die Wölfe rochen das Blut. Sie begannen am Wolfsmesser zu lecken, bis schließlich

die rasiermesserscharfe Schneide zum Vorschein kam und sie sich die Zunge aufschlitzten. Durch ihre Gier aber vermischte sich der Geschmack ihres eigenen Blutes mit dem Hühnerblut, so daß sie immer weiterleckten, bis sie sich ihre Zungen durchtrennten und verbluteten«, schloß der alte Samurai.
»Und ...?« fragten die Jungen.
»Und daraus kann man lernen, daß ein Krieger tötet, weil es seine Pflicht ist. Entwickelt er aber einen Geschmack fürs Töten, rächt sich am Ende das Wolfsmesser.
Wenn ihr also das nächstemal ›süße Rache‹ nehmt, fragt euch, wessen Blut ihr wirklich schmeckt.«

Während des Vietnamkriegs

blickte ein Mönch aus Saigon sich um und sah ein zweifaches Grauen: eine Eskalation des Schlachtens und eine gleichgültige Welt. Proteste wurden von der Militärpolizei niedergeschlagen oder versickerten in endlosen Gesprächen in den Korridoren der Weltmächte.
Da zündete der Mönch sich auf einem der großen Boulevards an und verbrannte. Sein Bild erschien in jeder großen Zeitung der Welt – nur in Saigon und Hanoi nicht.
Und obwohl es noch Jahre dauerte, war es dieser aus einer Selbstverbrennung geborene Geist des Widerstands, der dem Schlachten schließlich Einhalt gebot.

Das Paradox dieser wahren Geschichte liegt darin,
daß ein Mönch sich trotz der gewaltlosen Haltung des
Buddhismus selbst Gewalt antut,
weil er Mitgefühl für sein Volk empfindet.

»Mutter, was ist Wasser?«

fragte das Fischkind die Fischmutter.
»Wasser ist das, worin du schwimmst, und das, woraus du hauptsächlich bestehst.«
»Aber wo ist es?«
»Überall um dich her.«
»Aber ich kann es nicht sehen«, sagte der Kleine.
»Natürlich kannst du das.«
»Wo?«
»Überall.«
»Und ich bestehe aus Wasser?«
»Hauptsächlich.«
»Und wenn ich gestorben bin ...«
»Wirst du wieder zu Wasser«, erwiderte die Mutter.
»Ist das wie mit der Buddha-Natur?« fragte das Kind.
»Manchmal erstaunst du mich, Kleiner«, sagte die Mutter.

Kann man sich selbst –
zusammen mit allen fühlenden Wesen und
mit der Welt vor der eigenen Geburt
und der Welt nach dem eigenen Tod –

als Teil einer transzendenten Buddha-Natur betrachten,
so ergibt dieser Dialog mehr Sinn.
Wenn nicht –
einfach weiterlesen!

»Ein erlauchter Meister kommt«,

rief der fremde Mönch und verkündete, daß der berühmte Lehrer in fünf Tagen das Kloster besuchen werde.
Als die Gesellschaft eintraf, sprach man im Kloster viel über das seltsame Aussehen der Reisenden – und über ihr seltsames Benehmen, das sich in der Forderung nach Unterkunft und Klagen über das Essen ausdrückte.
»Wir werden diesen ›Meister‹ bei der Debatte nach der Meditation beurteilen«, sagte der gelehrteste Mönch des Klosters.
Wie es der Brauch bei umherziehenden Lehrern war, befaßte die Debatte sich mit umstrittenen Punkten der buddhistischen Praxis oder Grundfragen der Zen-Philosophie. Der fremde Meister äußerte nichts; er ließ sein Gefolge argumentieren. Erst wenn die Debatte zu einem Stillstand kam, wandten beide Gruppen sich an den Meister und baten ihn um seine Meinung.
In solchen Fällen runzelte der Meister die Stirn, schwieg lange Zeit und sagte dann nur ein Wort: »Warum?«
Um dieser Herausforderung zu begegnen, überdachten beide Gruppen ihre Schlüsse. Hatte die Auseinandersetzung dann eine neue Stufe erreicht, wandte man

sich erneut an den Meister, der wiederum nichts sprach. Statt dessen schloß er die Augen und saß eine lange Weile kopfnickend da, bis er schließlich sagte: »Warum?«

Wieder drang die Versammlung in größere Tiefe vor. Während sich dieser Vorgang Tag für Tag wiederholte, bewunderten die erfahrenen Mönche des Klosters die Tiefgründigkeit des fremden Meisters.

Leider wurden die Besucher mit der Zeit immer aufsässiger, und als man im Kloster entdeckte, daß sie wertvolle Dinge stahlen, forderte man sie schließlich zur Abreise auf.

Nachdem sie verschwunden waren, kam die Wahrheit durch einen Mönch aus einem benachbarten Kloster ans Tageslicht.

»Das war eine Bande abtrünniger Mönche«, berichtete er, »die wunderbar über die Sutras debattieren, sie aber nicht leben können. Sie halten sich über Wasser, indem sie gutgläubige Zen-Gemeinschaften bestehlen.«

»Wie furchtbar!« riefen die Mönche. »Aber was ist mit ihrem brillanten Meister? Wie konnte er an einem derart frevlerischen Komplott nur teilnehmen?«

»Was für ein Meister?« schnaubte der Besucher. »Das war nur ein alter chinesischer Schauspieler, der kein Japanisch spricht – mit Ausnahme eines Wortes: ›Warum?‹«

Der berühmte Bildhauer

begutachtete im Steinbruch die verschiedenen Marmorblöcke. In seinem langen Leben hatte er gelernt, daß jeder Steinquader ein »So-Sein« aufwies. Dieses So-Sein zu entdecken und es zu seinem wahren Leben zu erwecken war das Geheimnis hinter dem Erfolg des Künstlers.

»Aha«, murmelte er, »in diesem Block ist eine heroische Figur eingeschlossen und in jenem ein Heiliger. Aber wo finde ich den Stein, aus dem ich mein Meisterwerk hauen kann, eine grandiose Statue des Buddha?«

Nach diesem »Buddha-Block«, wie er ihn nannte, suchte er seit über vierzig Jahren, doch nun spürte er seine Energie dahinschwinden. Er war zu den großen Steinbrüchen der Welt gereist – nach Italien, wo Michelangelo seinen Marmor ausgewählt hatte, nach Vermont, wo der Stein im Licht leuchtete, und in abgelegene Bergregionen Chinas. Nirgendwo fand er den einen perfekten Block, der ihm das Gefühl verlieh, er könne daraus ein vollkommenes Ebenbild des Buddha schaffen.

Er sprach mit Fachleuten aus der ganzen Welt, stellte einen Spezialisten an, um abgelegene Gebiete zu durchforschen. Ohne Erfolg. Zuletzt suchte er einen Zen-Priester auf, den Vorsteher eines kleinen Tempels am Ende der Straße, in der er wohnte. Als er von seiner fruchtlosen Suche berichtete, lächelte der Priester und sagte: »Kein Problem.«

»Wollen Sie damit sagen, Sie wissen, wo ich das vollkommene Material für meinen Buddha finden kann?« fragte der Bildhauer.

»Natürlich.«

»Wo?«

»Da drüben«, sagte der Zen-Priester und deutete auf einen Brunnen im Hof.

Der begeisterte Künstler lief zum Brunnen und schaute hinein. Da sah er, wie sein eigenes Ebenbild ihm entgegenblickte.

Der Buddhismus fordert uns auf,
keinen Buddha zu suchen,
sondern statt dessen den Buddha
– den Erwachten –
in uns selbst zu finden.

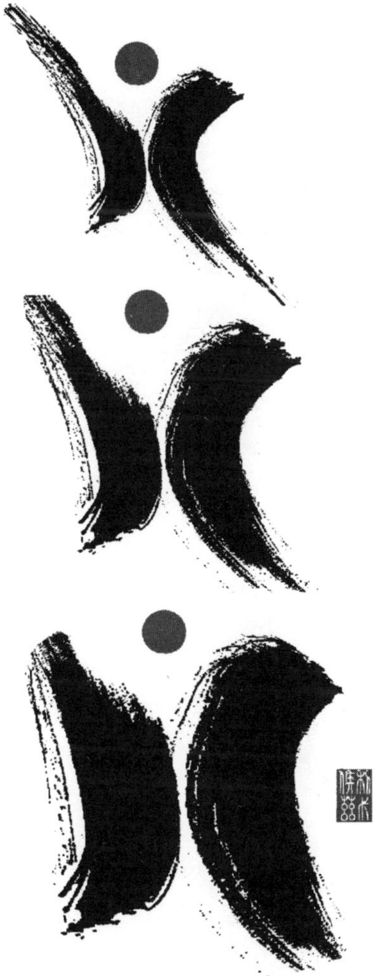

Hugh Prather

Loslassen und glücklich sein

Glücklich sein kann man lernen – mit einem 30-Tage-Programm, das aufzeigt, wie Sie sich Schritt für Schritt von Sorgen und negativen Gefühlen oder dem ständigen Wunsch nach Kontrolle befreien können. Eine zentrale Rolle spielt dabei das Loslassen. Sie werden erkennen: Das Einzige, was zwischen einem selbst und dem Glück steht, ist oftmals man selber.

Knaur MensSana

Angelika Ißlinger

Die Kunst der Selbstbehauptung

Kraft, Schutz und innere Harmonie durch Stärkung des eigenen Energiesystems

Dauerstress, ein gestörtes soziales Umfeld oder schwierige Lebenssituationen beeinträchtigen unser inneres Gleichgewicht. Angelika Ißlinger gibt in *Die Kunst der Selbstbehauptung* leicht umsetzbare und hilfreiche Anleitungen, wie man sich vor negativen Einflüssen im täglichen Leben und in der Arbeit stärker abgrenzen kann, um so dem Alltag besser gewachsen zu sein.